SCM

Stiftung Christliche Medien

Dieses Werk einschließlich aller seiner Teile ist urheberrechtlich geschützt.
Jede Verwendung außerhalb der engen Grenzen des Urheberrechtsgesetzes ist
ohne vorherige schriftliche Einwilligung des Verlages unzulässig und strafbar.
Das gilt insbesondere für Vervielfältigungen, Übersetzungen und die
Einspeicherung und Verarbeitung in elektronischen Systemen.

3. Auflage 2013

© 2011 SCM R.Brockhaus im SCM-Verlag GmbH & Co. KG
Bodenborn 43 · 58452 Witten
Internet: www.scm-brockhaus.de; E-Mail: info@scm-brockhaus.de

Soweit nicht anders angegeben, sind die Bibelverse
folgender Ausgabe entnommen:

Neues Leben. Die Bibel, © der deutschen Ausgabe 2002 und 2006
SCM R.Brockhaus im SCM-Verlag GmbH & Co. KG, Witten.

Weiter wurden verwendet:

Lutherbibel, revidierter Text 1984, durchgesehene Ausgabe in neuer
Rechtschreibung, © 1999 Deutsche Bibelgesellschaft, Stuttgart. (LUT)

Gute Nachricht Bibel, revidierte Fassung, durchgesehene Ausgabe in neuer
Rechtschreibung, © 2000 Deutsche Bibelgesellschaft, Stuttgart. (GNB)

Gesamtgestaltung: Yellow Tree – Agentur für Design und Kommunikation;
www.yellowtree.de
Druck und Bindung: Leo Paper Products
Gedruckt in China
ISBN 978-3-417-26545-3
Bestell-Nr. 226.545

MAX LUCADO

Du hast mein *Herz* berührt

366
60-SEKUNDEN-ANDACHTEN

SCM R.Brockhaus

1. Januar

Der Unveränderbare

Gott ist Jahwe – ein Gott, der sich nicht ändert, ein Gott, für den es keine Ursache gibt, und ein Gott, der von niemandem regiert wird.

Gibt es nicht genügend Veränderungen in unserem Leben? Beziehungen verändern sich. Unsere Gesundheit ändert sich. Auch das Wetter unterliegt Veränderungen. Doch Jahwe, der letzte Nacht die Erde regiert hat, ist derselbe Jahwe, der sie heute regiert. Er hat dieselben Überzeugungen, denselben Plan, dieselbe Stimmung, dieselbe Liebe. Er verändert sich nie.

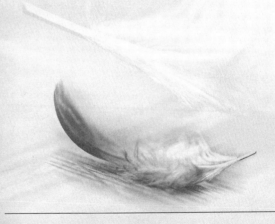

Aus: *Geborgen in Gottes Arm*

2. Januar

Ein geistliches Abenteuer

"HERR, du (…) weißt alles über mich", sagt David. "Wenn ich sitze oder wenn ich aufstehe, du weißt es. Du kennst alle meine Gedanken. Wenn ich gehe oder wenn ich ausruhe, du siehst es, und bist mit allem, was ich tue, vertraut. (…) Du bist vor mir und hinter mir und legst deine schützende Hand auf mich"
(PSALM 139,1-3.5).

Sie sind einsam? Gott ist bei Ihnen.
Sie fühlen sich leer? Er füllt Ihre Reserven wieder auf.
Sie sind traurig über Ihr unbedeutendes Dasein?
Ein geistliches Abenteuer erwartet Sie.
Die Heilung des durchschnittlichen Lebens beginnt
und endet bei Gott.

AUS: GANZ DU SELBST

3. Januar

Von der Tragödie zum Triumph

Was können wir tun, wenn Krankheit hereinbricht, wenn Ehen scheitern, Kinder leiden und der Tod zuschlägt? David antwortet mit einer Erklärung: *„Doch der Herr ist in seinem heiligen Tempel und herrscht noch immer vom Himmel aus."* (vgl. Psalm 11,4). Gott wird durch unsere Stürme nicht verändert. Unsere Probleme schrecken ihn nicht ab und jagen ihm keine Angst ein. Er ist in seinem heiligen Tempel und herrscht vom Himmel aus. Gebäude können einstürzen und Karrieren zusammenbrechen, aber Gott tut das nicht. Schiffbruch und Trümmer haben ihn nie entmutigt. Gott hat Tragödien immer in Triumph verwandelt.

Aus: *In Schattenzeiten Gott begegnen*

4. Januar

Unsere Aufgabe

Stein für Stein, Leben für Leben baut Gott sein Königreich, einen *„geistlichen Tempel"* (1. Petrus 2,5). Er hat Ihnen eine wichtige Aufgabe in diesem Projekt anvertraut. Schauen Sie Ihr Werkzeug an und finden Sie heraus, was Ihre Aufgabe ist. Ihre Fähigkeiten geben Aufschluss über Ihre Bestimmung.

„Wenn sich jemand für andere einsetzt, dann setze er sich mit all der Kraft und Energie ein, die Gott ihm gibt. Dann wird Gott in allem durch Jesus Christus verherrlicht werden" (1. Petrus 4,11).

Wenn Gott jemandem eine Aufgabe gibt, gibt er ihm auch die Fähigkeit dazu. Prüfen Sie also Ihre Fähigkeiten, um Ihre Aufgabe zu entdecken.

Aus: Ganz du selbst

5. Januar

Durst

Unser Schöpfer hat uns mit Durst ausgestattet – einem „Flüssigkeitsmangelanzeiger". Wenn unser Flüssigkeitspegel sinkt, leuchten die Warnsignale auf: trockener Mund, dicke Zunge, benommener Kopf, schwache Knie. Unser Körper teilt uns mit, wenn wir nicht genügend Flüssigkeit haben.

Unsere Seele teilt uns mit, wenn wir sie nicht genügend mit geistlichem Wasser versorgen. Vertrocknete Herzen senden verzweifelte Botschaften aus: Unausgeglichenheit, innere Unruhe, Schuld und Angst. Glauben Sie, Gott will, dass wir damit leben? […] Behandeln Sie Ihre Seele wie Ihren Durst. Nehmen Sie einen herzhaften Schluck. Nehmen Sie Feuchtigkeit in sich auf. Bewässern Sie Ihr Herz.

Aus: Durst

6. Januar

Der Maßstab

Manche […] schauen sich um und sagen: „Im Vergleich zu allen anderen bin ich ein anständiger Mensch." Wissen Sie, ein Schwein könnte etwas Ähnliches sagen: Es könnte seine Kollegen am Futtertrog betrachten und verkünden: „Ich bin auf jeden Fall so sauber wie alle anderen." Vergleicht sich das Schwein jedoch mit Menschen, steht es weniger gut da. Und im Vergleich mit Gott geht es uns Menschen wie den Schweinen mit uns. Den Maßstab für Sündlosigkeit findet man nicht am Schweinetrog der Erde, sondern am Thron des Himmels. Gott selbst ist der Maßstab.

AUS: *WEIL DU ES IHM WERT BIST*

7. Januar

Unschuldig

Was bedeutet es, ein Herz wie [Jesus] zu haben? Es bedeutet, sich hinzuknien, wie Jesus sich hinkniete, und die verdreckten Glieder anderer Menschen zu berühren und ihre Unfreundlichkeit mit Freundlichkeit wegzuwaschen. Oder wie Paulus schrieb:

„Seid stattdessen freundlich und mitfühlend zueinander und vergebt euch gegenseitig, wie auch Gott euch durch Christus vergeben hat"
(EPHESER 4,32).

„Aber Max", werfen Sie jetzt ein. „Ich habe nichts falsch gemacht. Ich bin nicht derjenige, der betrogen hat. Ich bin nicht derjenige, der gelogen hat. Hier bin nicht ich der Schuldige." Vielleicht sind Sie es nicht. Aber Jesus war es auch nicht.

AUS: WERDEN WIE JESUS

8. Januar

Ein tapferes Team

Man erlebt immer wieder, wie bei Katastrophen Menschen bereit sind, den Betroffenen Hilfe zu leisten. Die Menschen stehen zum Blutspenden Schlange. Millionen Dollar werden für die Opfer und ihre Familien gespendet. Rettungsmannschaften arbeiten Tag und Nacht. Doch die wichtigste Arbeit wird von einem anderen tapferen Team verrichtet. Ihre Aufgabe? Die Welt mit Gebet zu schützen und zu beschirmen. Wer betet, hält die Wachfeuer des Glaubens am Brennen. In den meisten Fällen kennen wir nicht einmal die Namen der Beter. Sie gehören zu Gottes Reich. Ihre Gebete geben Gott den Anstoß dazu, die Welt zu verändern.

Aus: In Schattenzeiten Gott begegnen

9. Januar

Veränderung gewünscht?

Wir verschieben unseren Brennpunkt vom Ich zu Gott, wenn wir über ihn nachdenken, wenn wir uns mit ihm beschäftigen, wenn wir den Rat des Apostels Paulus befolgen:

„Von uns allen wurde der Schleier weggenommen, sodass wir die Herrlichkeit des Herrn wie in einem Spiegel sehen können. Und der Geist des Herrn wirkt in uns, sodass wir ihm immer ähnlicher werden und immer stärker seine Herrlichkeit widerspiegeln"
(2. Korinther 3,18).

Was geschähe erst, wenn wir unseren Platz einnehmen und den Sohn reflektieren würden? Wenn wir ihn anschauen, werden wir verändert. Könnten wir nicht eine Veränderung gebrauchen?

Aus: Es geht nicht um mich

10. Januar

Die einzige Person auf dieser Welt

Ich möchte jetzt etwas sagen, was vielleicht unglaublich klingt. Und zwar Folgendes: Wenn Sie die einzige Person auf der Welt wären, so würde die Erde doch ganz genauso aussehen wie jetzt. Der Himalaja hätte trotzdem seine Dramatik und die Karibik ihren Charme. Die Sonne würde sich am Abend trotzdem hinter den Rocky Mountains verkriechen und am Morgen ihr Licht über die Wüste versprühen. Wenn Sie der einzige Wanderer auf diesem Globus wären, Gott würde seine Schönheit nicht um das Kleinste verringern.

Aus: Geborgen in Gottes Arm

11. Januar

Das Wichtigste

Was ist das Wichtigste? [...]

*„Ich habe euch das weitergegeben,
was am wichtigsten ist und was auch mir selbst überliefert wurde – dass Christus für unsere Sünden starb,
genau wie es in der Schrift steht"*
(1. KORINTHER 15,3).

„Was am wichtigsten ist", sagt Paulus.
Und jetzt lesen Sie weiter:

„Er wurde begraben und ist am dritten Tag von den Toten auferstanden, wie es in der Schrift steht. Er wurde von Petrus gesehen und dann von den zwölf Aposteln"
(V. 4-5).

Da ist es. Fast zu einfach. Jesus starb am Kreuz, er wurde begraben und er stand von den Toten auf. Sind Sie überrascht? Das, was zählt, das, was das Wichtigste ist, ist das Kreuz. Nicht mehr und nicht weniger.

AUS: STAUNEN ÜBER DEN ERLÖSER

12. Januar

Jesus vertrauen

Machen Sie sich keine Sorgen um Dinge, die Sie nicht verstehen können. Themen wie das Tausendjährige Reich oder der Antichrist sollen uns fordern und herausfordern, aber nicht niederdrücken und ganz bestimmt nicht Zwietracht unter uns säen.
Für Christen ist die Wiederkunft Jesu kein Rätsel, das zu lösen, und kein Code, der zu knacken ist, sondern ein Tag, auf den man warten soll. Jesus möchte, dass wir ihm vertrauen. […]

„Es gibt viele Wohnungen im Haus meines Vaters"
(Johannes 14,2).

Aus: Wenn Christus wiederkommt

13. Januar

Gott anbeten

„Denn Gott ist Geist; deshalb müssen die, die ihn anbeten wollen, ihn im Geist und in der Wahrheit anbeten"
(Johannes 4,24).

Wie […] soll man auf ein Wesen reagieren, dessen Heiligkeit flammend, glühend, rein und unerschöpflich ist? An Gott ist kein Makel und kein Fleck. Er hat keinen schlechten Gedanken, keinen schlechten Tag und trifft keine schlechte Entscheidung. Niemals! Was sollte solche Heiligkeit anderes in uns hervorrufen als Anbetung? […]
Loben Sie Gott. Preisen Sie ihn laut und oft.
Tun Sie es um Ihrer selbst willen,
Sie haben es nötig.
Und tun Sie es um seinetwillen, er verdient es.

Aus: Ganz du selbst

14. Januar

Dieselben Versuchungen

„Dieser Hohe Priester versteht unsere Schwächen, weil ihm dieselben Versuchungen begegnet sind wie uns, doch er wurde nicht schuldig" (Hebräer 4,15).

Jesus sind dieselben Versuchungen begegnet wie uns. Nicht einem Engel, nicht einem Gesandten, nicht einem Boten, sondern Jesus selbst.
Dieselben Versuchungen. Nicht teilweise, nicht annähernd, nicht in hohem Maße. Genau dieselben!
Jesus machte dasselbe durch wie wir. Er machte alle unsere Erfahrungen durch, jede Verletzung, jeden Schmerz, all den Stress und all die Belastungen. Ohne Ausnahme, ohne Stellvertreter. Warum?
Damit er unsere Schwächen nachempfinden kann.

Aus: Ruhe im Sturm

15. Januar

Etwas Besonderes

Wenn Sie einen beliebigen Menschen nach dem Sinn des Lebens fragen, erhalten Sie vermutlich die Antwort: „Ich weiß es nicht." Bestenfalls räumt er vielleicht ein, dass wir höher entwickelte Tiere sind, schlimmstenfalls meint er, wir seien geordneter Weltraumstaub.

Welch ein Gegensatz zu Gottes Vorstellung vom Leben:

„Denn wir sind Gottes Schöpfung. Er hat uns in Christus Jesus neu geschaffen, damit wir zu guten Taten fähig sind, wie er es für unser Leben schon immer vorgesehen hat"
(Epheser 2,10).

Gott legt seine Hand auf Ihre Schulter und sagt: „Du bist etwas Besonderes."

Aus: *Weil Gott dich trägt*

16. Januar

Ein Mensch wie wir

Als Gott beschloss, sich zu offenbaren, tat er es […] in einem menschlichen Körper. Die Zunge, die Tote ins Leben rief, war die eines Menschen. Die Hand, die den Aussätzigen berührte, hatte Dreck unter den Fingernägeln. […] Und seine Tränen … vergessen wir bloß die Tränen nicht … sie kamen aus einem Herzen, das so gebrochen war wie Ihres oder meins.

So kamen die Menschen zu ihm. […] Sie kamen nachts, sie berührten ihn, wenn er durch die Straßen ging, sie folgten ihm rund um den See, sie luden ihn in ihre Häuser ein und brachten ihre Kinder zu ihm. Warum? Weil er sich weigerte, eine Statue in einer Kathedrale oder ein Priester auf einer hohen Kanzel zu sein. Er beschloss, Jesus zu sein.

Aus: *Sein Name ist Jesus*

17. Januar

Ein göttlicher Funke

Sie besitzen einen göttlichen Funken.
Ihnen gilt ein außergewöhnlicher Ruf zu einem
außergewöhnlichen Leben.

*„Jedem von uns wird eine geistliche Gabe zum Nutzen
der ganzen Gemeinde gegeben"*
(1. Korinther 12,7).

Wir können uns nicht herausreden mit: „Ich habe nichts zu bieten!" Sagt der Apostel Paulus etwa: „Manchen von uns", oder: „Einigen von uns wird eine geistliche Gabe gegeben"? Nein, er sagt: „Jedem von uns wird eine geistliche Gabe gegeben"! Hören wir doch auf, uns selbst abzuwerten und zu sagen: „Ich kann nichts."

Aus: Ganz du selbst

18. Januar

Welch ein Gott!

Denken Sie über das nach, was Gott getan hat.
Er übt unseren Sünden gegenüber keine Nachsicht
und steckt seine Maßstäbe nicht zurück.
Er verschließt die Augen nicht vor unserer Rebellion
und setzt seine Anforderungen nicht herab.
Anstatt über unsere Sünde hinwegzugehen, nimmt er
unsere Sünde auf sich und – es ist unfassbar –
verurteilt sich selbst.
Gottes Heiligkeit bleibt bestehen. Unsere Sünde ist
bestraft ... und wir sind erlöst.
Gott tut, was wir nicht tun können, damit wir sein
können, wovon wir nicht zu träumen wagen:
vollkommen vor Gott.

AUS: *WEIL GOTT DICH TRÄGT*

19. Januar

Bis ans Ende der Zeit

Ein Kleid entsteht in einer Fabrik. Ein Baum entsteht aus einem Samenkorn. Ein Baby entsteht im Bauch seiner Mutter. Wo ist Gott entstanden? Wo ist sein Ursprung? Nicht einmal Gott machte Gott.

„Ich bin, ehe denn ein Tag war"
(Jesaja 43,13; LUT).

Aus diesem Grund macht Jesus Aussagen wie diese:
*„Ich war schon da,
bevor Abraham auch nur geboren wurde!"*
(Johannes 8,58).

In der Lutherübersetzung heißt es sogar: „Ehe Abraham wurde, bin ich." Gott sagt hier nicht: „Ich war", weil er immer noch ist. Er ist jetzt, in diesem Moment, genauso wie in den Tagen Abrahams und am Ende der Zeit. Er ist ewig.

Aus: Es geht nicht um mich

20. Januar

Hinter Gittern

Die Sünde sperrt Sie hinter die Gitter von Schuld, Scham, Enttäuschung und Angst. Die Sünde hat nichts anderes getan, als Sie an die Mauer des Elends zu ketten. Dann kam Jesus und zahlte die Kaution. Er verbüßte Ihre Strafe, er zahlte und machte Sie frei. [...] Aus dem Gefängnis der Sünde kommt man nur frei, wenn man die Strafe bezahlt. In diesem Fall ist die Strafe der Tod. Jemand muss sterben, entweder Sie oder ein vom Himmel gesandter Stellvertreter. Sie können das Gefängnis erst verlassen, wenn jemand gestorben ist. Das geschah auf Golgatha. Und als Jesus starb, starben Sie dem Anspruch der Sünde auf Ihr Leben. Sie sind frei.

Aus: *Weil Gott dich trägt*

21. Januar

Kommt zu mir!

> „Kommt alle her zu mir, die ihr müde seid und schwere
> Lasten tragt, ich will euch Ruhe schenken"
> (Matthäus 11,28).

Christus hat Ihnen kein Auto gegeben und gesagt,
Sie müssen es schieben. Er hat Ihnen nicht einmal ein
Auto gegeben und gesagt, Sie sollen es fahren. Wissen
Sie, was er getan hat? Er hat die Beifahrertür aufgerissen, Sie gebeten, Platz zu nehmen und sich für das
Abenteuer Ihres Lebens anzuschnallen. […] „Kommt
zu mir!" Nicht: „Kommt in meine Kirche",
oder: „Kommt zu meinem Lehrgebäude",
sondern: „Kommt zu mir!"

Aus: Durst

Leiden

In Ihrem Herzen ist ein Fenster, durch das Sie Gott sehen können. Das Fenster war einmal glasklar. Ihre Sicht auf Gott war ungetrübt. Sie konnten Gott so deutlich sehen, wie Sie ein sanftes Tal oder Berg sehen können. […]
Dann plötzlich wurde das Fenster durch einen Stein beschädigt. Ein Stein des Schmerzes. […]
Und plötzlich war Gott nicht mehr so leicht zu sehen. Die Sicht, die so ungetrübt war, hatte sich geändert. […]
Sie waren verwirrt. Gott würde so etwas doch nicht zulassen, oder vielleicht doch? […]
Wenn Sie ihn nicht sehen können, vertrauen Sie ihm. […] Jesus ist näher, als Sie es sich je hätten träumen lassen.

Aus: Ruhe im Sturm

Wo unsere Stimme Gewicht hat

Wir leben in einer lauten Welt. Es ist nicht leicht, die Aufmerksamkeit eines Menschen zu gewinnen. Dieser Mensch muss bereit sein, alles beiseitezulegen und zuzuhören: das Radio abzuschalten, den Blick vom Bildschirm zu wenden, das Buch und die Zeitung wegzulegen. Wenn jemand bereit ist, alles andere zum Schweigen zu bringen, damit er uns deutlich hören kann, dann ist das ein Vorrecht. In der Tat ein seltenes Vorrecht. Nicht so bei Gott. Sie können zu Gott sprechen, weil Gott zuhört. Im Himmel hat Ihre Stimme Gewicht. Gott nimmt Sie sehr ernst.

AUS: *IN SCHATTENZEITEN GOTT BEGEGNEN*

24. Januar

So menschlich

Möglicherweise hatte Jesus Pickel. Vielleicht war er unmusikalisch. […] Vielleicht hatte er dürre Knie. […] Sich Jesus so vorzustellen, scheint fast respektlos. Uns ist nicht wohl dabei. Es ist viel leichter, das Menschliche aus der Menschwerdung Gottes herauszunehmen. Den Mist aus der Umgebung der Krippe zu entfernen.
Den Schweiß von seiner Stirn wegzuwischen.
So zu tun, als hätte er nie geschnarcht, sich nie die Nase geputzt oder sich nie mit dem Hammer auf den Daumen geschlagen …
Tun Sie es nicht. Tun Sie es um Himmels willen nicht.
Lassen Sie ihn so menschlich, wie er sein wollte.
Lassen Sie ihn in den Sumpf und den Dreck unserer Welt hinein. Denn nur wenn wir ihn einlassen, kann er uns herausziehen.

Aus: Sein Name ist Jesus

25. Januar

Die Unberührbaren dieser Welt

*„Jesus berührte ihn. ‚Ich will es tun‘, sagte er.
‚Sei gesund!‘ Und im selben Augenblick war der
Mann von seiner Krankheit geheilt"*
(MATTHÄUS 8,3).

Wir haben Angst, das Falsche zu sagen oder den falschen Ton zu treffen oder falsch zu handeln. Bevor wir etwas falsch machen, tun wir lieber gar nichts. Seien wir froh, dass Jesus nicht denselben Fehler machte. Wenn Ihre Angst, etwas falsch zu machen, Sie davon abhält, etwas zu tun, dann denken Sie an die Aussichten der Aussätzigen dieser Welt. Sie sind nicht heikel. Sie sind nicht anspruchsvoll. Sie sind nur einsam. Sie sehnen sich nach einer göttlichen Berührung. Jesus berührte die Unberührbaren dieser Welt. Wollen Sie das Gleiche tun?

AUS: WERDEN WIE JESUS

26. Januar

Unsere Einzigartigkeit entfalten

Hören wir auf mit diesem selbstherrlichen *„Ich muss alles tun."* Nein, Sie müssen nicht alles tun! Sie sind nicht Gottes Lösung für die Gesellschaft, sondern *innerhalb* der Gesellschaft sind Sie eine Lösung. Paulus ist unser Vorbild, wenn er sagt:

„Wir wollen vielmehr innerhalb der Grenzen bleiben, die uns Gott gesteckt hat"
(2. Korinther 10,13).

Sie müssen sich über Ihren Beitrag klar werden. Machen Sie sich keine Sorgen über Fähigkeiten, die Sie nicht haben. Schauen Sie nicht neidisch auf die Stärken, die andere haben. Entfalten Sie Ihre Einzigartigkeit. *„Deshalb ermutige ich dich dazu, die geistliche Gabe wirken zu lassen, die Gott dir schenkte"*
(2. Timotheus 1,6).

Und tun Sie das, *um Gott ins Rampenlicht zu stellen.*

Aus: Ganz du selbst

27. Januar

Mit dem Aufzug ans Ziel

Ein Christ setzt sein Vertrauen auf ein vollendetes Werk. Vorbei sind die Anstrengungen, um das Gesetz zu befolgen. Vorbei sind die Züchtigungen und die Askese der Gesetzlichkeit. Vorbei ist die Angst, dass wir alles getan haben und dass es vielleicht doch nicht ausreicht. Wir erreichen unser Ziel nicht über die Treppe, sondern über den Aufzug. […] Gott verspricht seine verheißene Gerechtigkeit denen, die den Versuch unterlassen, sich selbst zu erlösen.

Gnade bietet Ruhe. Gesetzlichkeit zerstört Ruhe. Warum halten wir uns dann an sie? […] Warum verlassen wir uns auf uns selbst? Warum fügen wir Gottes vollendetem Werk noch etwas hinzu? Könnte in der Antwort das Wort Stolz vorkommen?

Aus: Es geht nicht um mich

Wer hätte das gedacht?

Was können wir aus den Geschichten über Josef, Mose und Daniel über den Sinn des Leidens lernen? Lässt sich etwas Gutes daraus erkennen? Wer hätte wissen können, dass Josef, der Häftling, binnen Kurzem Josef, der Premierminister, werden würde? Wer hätte gedacht, dass Gott dafür sorgte, dass Mose ein vierzigjähriges Überlebenstraining genau in der Wüste absolvierte, durch die er später das Volk Israel führen würde? Und wer hätte sich vorstellen können, dass der Gefangene Daniel bald zum Berater des Königs aufsteigen würde?

Was er damals tat, tut er immer noch. Unsere Aufgabe ist es, ihn darum zu bitten.

Aus: *In Schattenzeiten Gott begegnen*

29. Januar

Eine Salbe für unsere Wunden

Wenn die Worte eines anderen Menschen Sie verletzt haben oder vielleicht gerade jetzt verletzen, fassen Sie Mut: Es gibt eine Salbe für Ihre Wunden. Denken Sie einmal über diese Worte aus 1. Petrus 2,23 nach:

„Er hat sich nicht gewehrt, wenn er beschimpft wurde. Als er litt, drohte er nicht mit Vergeltung. Er überließ seine Sache Gott, der gerecht richtet."

Sehen Sie, was Jesus nicht tat? Er zahlte nicht Gleiches mit Gleichem heim. […] Was tat Jesus stattdessen? Er überließ seine Sache seinem Vater, er ließ ihn den Richter sein. […] Ob wir es glauben oder nicht, er tat das Gegenteil – er nahm seine Widersacher in Schutz! „Vater, vergib diesen Menschen, denn sie wissen nicht, was sie tun."

Aus: Staunen über den Erlöser

30. Januar

Ewig

In der Bibel steht, dass niemand Gottes Jahre erforschen kann (Hiob 36,26). Wir können den Augenblick erforschen, in dem die erste Welle an ein Ufer schlug oder der erste Stern am Himmel aufleuchtete, aber wir werden nie den Augenblick herausfinden, an dem Gott Gott geworden ist, denn es gibt keinen Augenblick, in dem Gott nicht Gott war. Er hat nie *nicht existiert*, denn er ist ewig. Gott ist nicht an die Zeit gebunden.

Aus: *Weil du es ihm wert bist*

31. Januar

Treue Freundschaft

Was macht man mit einem Freund?
Nun, […] das ist einfach: Man hält zu ihm.
Vielleicht ist das der Grund dafür, dass Johannes als
einziger der zwölf Jünger unter dem Kreuz stand.
Er war gekommen, um seinem Freund Ade zu sagen.
Er gibt selbst zu, dass er noch nicht ganz kapierte, wie
alles zusammenhing. Aber das war nicht so wichtig.
Sein bester Freund war in einer Notlage,
also musste er helfen. […]
Von Johannes können wir lernen, dass die stärkste
Beziehung zu Jesus Christus nicht sehr kompliziert
sein muss. Er zeigt uns, dass die festesten Netze der Loyalität nicht aus den Fäden wasserdichter Theolo-gien
oder narrensicherer Philosophien gesponnen sind,
sondern aus Freundschaften – unerschütter-lichen,
selbstlosen, freudigen Freundschaften.

Aus: Staunen über den Erlöser

1. Februar

Eine Leinwand für seine Pinselstriche

„Denn alles kommt von ihm; alles besteht durch seine Macht und ist zu seiner Herrlichkeit bestimmt"
(Römer 11,36).

Der Atemzug, den Sie gerade taten? Gott hat ihn geschenkt. Das Blut, das durch Ihr Herz gepumpt wird? Ehre sei Gott dafür. Das Licht, in dem Sie lesen, und das Gehirn, mit dem Sie alles verarbeiten? Er gab Ihnen beides. Alles kommt von ihm – und existiert für ihn. Wir existieren, um auf Gott hinzuweisen, um seine Herrlichkeit aufzuzeigen. Wir dienen als Leinwand für seine Pinselstriche, Papier für seinen Stift, Erde für seine Saat, Abglanz seines Ebenbildes.

Aus: *Ganz du selbst*

2. FEBRUAR

Ein neues Herz

Gott möchte, dass Sie so wie Jesus werden. Er möchte, dass Sie ein Herz wie er haben. Gottes Plan für Sie ist nichts Geringeres als ein neues Herz. Wenn Sie ein Auto wären, würde Gott die Herrschaft über Ihren Motor fordern. Wenn Sie ein Computer wären, würde er Anspruch auf die Software und das Betriebssystem stellen. Wenn Sie ein Flugzeug wären, würde er auf dem Pilotensitz Platz nehmen.

Aber Sie sind ein Mensch, und deshalb möchte Gott Ihr Herz verändern.

Aus: Werden wie Jesus

3. Februar

Andere wertschätzen

Gott sieht uns mit den Augen eines Vaters. Er sieht unsere Mängel, Fehler und wunden Punkte. Aber er sieht auch unseren Wert. […]
Was wusste Jesus, das es ihm möglich machte, das zu tun, was er tat?

Hier ist ein Teil der Antwort. Er kannte den Wert der Menschen. Er wusste, dass jeder Menschen kostbar ist. Deshalb waren Menschen für ihn keine Quelle für Stress, sondern eine Quelle der Freude.

Aus: *Ruhe im Sturm*

4. Februar

Das Sternenlicht bestaunen

Die Natur ist Gottes Werkstatt. Der Himmel ist sein Notizblock. Das Universum ist seine Visitenkarte. Wollen Sie wissen, wer Gott ist? Dann schauen Sie an, was er gemacht hat.

Wollen Sie seine Macht kennenlernen? Dann werfen Sie einen Blick auf seine Schöpfung. Interessiert es Sie, wie stark er ist? Dann besuchen Sie ihn: Sternenhimmelallee, Hausnummer 1 Milliarde.

Wollen Sie einen Eindruck von seiner Größe bekommen? Dann treten Sie nachts aus dem Haus und bestaunen das Sternenlicht, das vor einer Million Jahren ausgestrahlt wurde.

AUS: IN SCHATTENZEITEN GOTT BEGEGNEN

5. Februar

In Ewigkeit geplant

Vergessen Sie Zukunftsvoraussagungen. Er verkündet *„von Anfang an [...], was hernach kommen soll"* (Jesaja 46,10; LUT). Nichts kommt für Gott unerwartet.

„Was der Herr will, gilt für immer, und was er beabsichtigt, steht für immer fest" (Psalm 33,11).

Das Kreuz wird seine Macht nicht verlieren. Die Kraft des Blutes Christi wird nicht schwinden. Der Himmel wird nie den Zusammenbruch der Brücke Gottes bekannt geben. Gott wird nie ans Reißbrett zurückkehren. Was er in der Zeit tut, hat er in der Ewigkeit geplant. Und alles, was er in der Ewigkeit geplant hat, führt er in der Zeit durch.

Aus: Es geht nicht um mich

6. Februar

Christus mit zur Arbeit nehmen

Stellen Sie sich vor, Sie würden es wie Petrus machen und Christus mit zur Arbeit nehmen. Sie können ihn einladen, Ihren Büroalltag zu lenken. Henry Giles, ein Prediger aus dem 19. Jahrhundert, sagt: „Männer und Frauen müssen arbeiten. Dies ist sonnenklar. Aber entweder arbeiten wir unwillig oder wir arbeiten dankbar. Wir können als Menschen oder als Maschinen arbeiten. Keine Arbeit ist so grob, dass wir ihr keinen höheren Sinn geben könnten, keine Arbeit so leblos, dass wir ihr keine Seele einhauchen könnten, keine Arbeit so trostlos, dass wir sie nicht beleben könnten, wenn wir begreifen, dass wir dem Herrn Jesus Christus dienen mit dem, was wir tun."

AUS: IN SCHATTENZEITEN GOTT BEGEGNEN

7. Februar

Gott in den Mittelpunkt stellen

Gott gibt uns Gaben, damit wir ihn bekannt machen. Punkt. Gott stattet den olympischen Sportler mit Schnelligkeit aus, den Geschäftsmann mit Köpfchen, den Chirurg mit Geschick. Warum? Für Goldmedaillen, gewinnträchtige Geschäfte oder geheilte Körper? Nur teilweise.
Die Antwort lautet: damit wir Gott in den Mittelpunkt stellen. Wir sollen ihn groß vor uns hertragen, ihn verkündigen.

„Gott hat jedem von euch Gaben geschenkt, mit denen ihr einander dienen sollt. Setzt sie gut ein, damit sichtbar wird, wie vielfältig Gottes Gnade ist. (…) Dann wird Gott in allem durch Jesus Christus verherrlicht werden"
(1. Petrus 4,10-11).

Aus: Es geht nicht um mich

8. Februar

Heilig, heilig, heilig

„Serafim standen über ihm; ein jeder hatte sechs Flügel: mit zweien deckten sie ihr Antlitz, mit zweien deckten sie ihre Füße, und mit zweien flogen sie. Und einer rief zum andern und sprach: ‚Heilig, heilig, heilig ist der Herr Zebaoth, alle Lande sind seiner Ehre voll!'"
(Jesaja 6,2-3; LUT).

Welche andere Eigenschaft Gottes wird derart nachdrücklich zur Geltung gebracht? In keinem Vers der Bibel wird Gott als „weise, weise, weise" oder „stark, stark, stark" beschrieben. Nur als „heilig, heilig, heilig". Gottes Heiligkeit erhebt Anspruch auf außergewöhnliche Aufmerksamkeit. Dieses Adjektiv charakterisiert seinen Namen mehr als alle anderen zusammen.

Aus: Es geht nicht um mich

9. Februar

In der Wüste

Jesus war in der Wüste, *„wo der Teufel ihn vierzig Tage lang in Versuchung führte"* (Lukas 4,2).

Jesus lässt sich nicht in die Falle locken. Er fordert kein Zeichen vom Himmel. Er bittet nicht um einen Blitzeinschlag. Er zitiert einfach die Bibel. […]
Als Waffe zum Überleben wählte Jesus die Heilige Schrift. Wenn die Bibel für seine Wüste genügte, müsste sie dann nicht auch für unsere genügen? Begreifen Sie den wesentlichen Punkt: Alles, was Sie und ich zum Überleben in der Wüste brauchen, ist die Bibel. Wir müssen nur ihren Rat befolgen.

Aus: *Sein Name ist Jesus*

10. Februar

Die Brücke

Es waren einmal zwei Bauern, die nicht miteinander auskamen. Eine tiefe Schlucht trennte ihre beiden Höfe, aber als Zeichen der Abneigung, die sie gegeneinander hegten, baute jeder auf seiner Seite außerdem einen Zaun […].

Doch dann lernte die Tochter des einen Bauern den Sohn des anderen kennen, und die beiden verliebten sich ineinander. Sie beschlossen, dass die Verbohrtheit ihrer Väter sie nicht trennen dürfe, und rissen die Zäune nieder. Dann nahmen sie das Holz der Zäune und bauten eine Brücke über die Schlucht.

Wenn wir unsere Sünden bekennen, geschieht dasselbe. Was wir bekannt haben, wird zu einer Brücke, über die wir zurück in die Gegenwart Gottes gehen können.

Aus: Weil Gott dich trägt

11. Februar

Jesus

Die Welt hat noch nie ein so reines Herz und eine so fehlerlose Persönlichkeit erlebt.
Sein geistliches Gehör war so ausgeprägt, dass er nie ein Flüstern des Himmels überhörte.
Seine Barmherzigkeit war so außerordentlich groß, dass er nie eine Gelegenheit zum Vergeben versäumte.
Keine Lüge ging über seine Lippen, sein Blick wurde durch nichts abgelenkt.
Er berührte Menschen, vor denen andere zurückwichen.
Er hielt durch, wo andere aufgaben.
Das Leben von Jesus Christus ist eine Botschaft der Hoffnung, eine Botschaft der Barmherzigkeit, eine Botschaft des Lebens in einer dunklen Welt.

Aus: Sein Name ist Jesus

12. Februar

Die Frucht der Sünde

Die Frucht der Sünde sind Dornen – stachelige, spitze, scharfe Dornen. […] Wenn die Frucht der Sünde Dornen sind, ist dann nicht die Dornenkrone auf der Stirn Christi ein Bild für die Frucht unserer Sünde, die sein Herz durchbohrte?

Was ist die Frucht der Sünde? Setzen Sie einen Fuß in das Dornengestrüpp der Menschheit und spüren Sie ein paar Disteln: Schmach, Angst, Schande, Entmutigung, Sorgen. Sind unsere Herzen nicht in diesem Dorngesträuch gefangen?

Das Herz Jesu war es nicht. Er wurde nie von den Dornen der Sünde zerkratzt. Was Sie und ich tagtäglich erleben, hat er nie gekannt. […] Jesus hat die Früchte der Sünde nie gekannt, bis er für uns zur Sünde wurde.

Aus: Weil du es ihm wert bist

13. Februar

Gott hört zu

Sie verstehen vielleicht das Geheimnis des Gebets nicht. Das brauchen Sie auch gar nicht. Aber eines ist klar: Der Himmel beginnt zu handeln, wenn jemand auf der Erde betet. Welch ein überwältigender Gedanke! Wenn Sie sprechen, hört Jesus. Und wenn Jesus hört, wird die Welt verändert. Alles, weil da jemand betet. Wenn Sie in seine Gegenwart treten, wenden sich die Diener Ihnen zu, um Ihre Stimme zu hören. Keine Angst, dass Sie überhört werden, auch wenn Sie stottern und stammeln, auch wenn das, was Sie zu sagen haben, niemanden beeindruckt, es beeindruckt Gott – und er hört zu.

AUS: IN SCHATTENZEITEN GOTT BEGEGNEN

14. Februar

Aus Liebe

Wenn Sie Gott wären, würden Sie auf Stroh schlafen,
an einer Brust nuckeln und in eine
Windel gewickelt werden?
Ich nicht, aber Christus tat es.
Er, der über Engel herrschte, war bereit,
auf Stroh zu schlafen. […]
Als er sah, wie winzig seine Hände sein würden, wie
schwach seine Stimme und wie hungrig sein Magen
sein würde, hätte er abbrechen können. […]
Als er sich das erste Mal das Knie aufschlug oder
Schnupfen hatte oder angebranntes Essen kostete,
hätte er sich umdrehen und weggehen können. […]
Zu jedem Zeitpunkt hätte Jesus sagen können:
„Schluss! Mir reicht's! Ich gehe nach Hause."
Aber er hat es nicht getan.
Er ist geblieben, weil er Liebe ist.

Aus: Sein Name ist Jesus

15. Februar

Er heilte sie trotzdem ...

Dieselbe Göttlichkeit, die Jesus die Macht zum Heilen verlieh, gab ihm auch die Macht der Wahrnehmung.
Ich frage mich, ob Jesus versucht war, dem Vergewaltiger zu sagen: „Dich heilen? Nach allem, was du getan hast?" Oder dem Kinderschänder: „Warum sollte ich deine Gesundheit wiederherstellen?" Oder dem Frömmler: „Fort mit dir, und nimm deine Arroganz gleich mit."
Jesus konnte nicht nur ihre Vergangenheit, sondern auch ihre Zukunft sehen.
Zweifellos waren in der Menge solche, die ihre neu erhaltene Gesundheit benutzen würden, um anderen wehzutun. [...] Viele derjenigen, die er heilte, würden ihm nie danken, aber er heilte sie trotzdem.

Aus: Ruhe im Sturm

16. Februar

Gottes Mannschaft

Gott hat uns als Mannschaft angeheuert und uns auf sein Schiff gestellt. Das Unternehmen hat einen einzigen Zweck: uns sicher ans andere Ufer zu bringen. Es handelt sich nicht um einen Vergnügungsdampfer, sondern um ein Schlachtschiff. Wir sind nicht zu einem bequemen Leben berufen, sondern zu einem Leben im Dienst. Jeder von uns hat eine andere Aufgabe. Die einen retten die Ertrinkenden […]. Andere sind mit der Abwehr des Feindes beschäftigt, deshalb besetzen sie die Geschütze des Gebets und des Lobpreises. Wieder andere versorgen die Mannschaft. […] Obwohl der Kampf heftig tobt, ist das Schiff außer Gefahr, denn unser Kapitän ist Gott. Es wird nicht sinken, kein Grund zur Sorge.

Aus: Weil Gott dich trägt

17. Februar

Sieben Sonntage die Woche

Leben Sie so, dass Gott in allen Dingen als der Allmächtige gepriesen wird. Machen Sie Gott durch Ihre Einzigartigkeit sichtbar. Wenn Sie Ihren Schöpfer mit Ihren Stärken verherrlichen, wenn Ihr Beitrag dazu führt, dass Gott bekannter wird, werden Ihre Tage plötzlich optimaler verlaufen. Und wenn Sie Ihre ganze Welt optimieren wollen, dann nutzen Sie Ihre Einzigartigkeit, um Gott jeden Tag Ihres Lebens ins Rampenlicht zu stellen. Der himmlische Kalender hat sieben Sonntage die Woche. Gott heiligt jeden Tag. Er betreibt rund um die Uhr und überall heilige Geschäfte. Er macht aus dem Gewöhnlichen das Ungewöhnliche, indem er Küchenspülen in Altäre, Cafés in Klöster und gewöhnliche Arbeitstage in geistliche Abenteuer verwandelt.

Aus: Ganz du selbst

18. Februar

Geheimnisse?

Darf ich Sie ganz offen etwas fragen?
Haben Sie Geheimnisse vor Gott? Gibt es Bereiche
Ihres Lebens, in denen ihm der Zutritt verboten ist?
Verrammelte Kellerräume oder verschlossene
Dachstuben? Gibt es Bereiche Ihrer Vergangenheit
oder Gegenwart, über die Sie mit Gott
nie zu sprechen wünschen? […]

Wenn Sie es erst einmal los sind,
wird es Ihnen viel besser gehen.

Aus: Weil Gott dich trägt

19. Februar

Gottes Willen erkennen

Wir lernen, Gottes Willen zu erkennen, wenn wir Zeit in seiner Gegenwart verbringen. Der Schlüssel zur Erkenntnis Gottes ist eine Beziehung zu ihm. Eine persönliche Beziehung. Mit Ihnen spricht Gott anders als mit anderen Menschen. Dass Gott zu Mose aus einem brennenden Busch sprach, bedeutet nicht, dass wir uns alle neben einen Busch setzen und darauf warten sollen, dass er spricht. Gott hat einen Fisch benutzt, um Jona zu überzeugen. Sollen wir deshalb unsere Gottesdienste am Strand feiern? Nein. Gott offenbart sich jedem Menschen anders. Deshalb ist es wichtig, wie Sie Ihr Leben mit Gott gestalten. […] Wir erkennen seinen Willen, wenn wir uns täglich in seinem Haus bewegen.

Aus: Das Haus Gottes

20. Februar

Der Beschützer

Wenn Jesus sagt, dass er Sie beschützen wird, dann meint er es ernst.
Brauchen wir nicht jemanden, dem wir vertrauen können und der größer ist als wir?
Jesus sagt: „Ich bin diese Person. Vertrau mir."
Die täglichen Bedürfnisse stillt Gott täglich und auf wunderbare Weise.
Er tat es damals, er tut es immer noch, und er wird es auch für Sie tun.

Aus: Sein Name ist Jesus

21. Februar

Verzehrendes Feuer

Als junger Mann verspürte ich den Ruf, zu predigen. Da ich unsicher war, ob ich Gottes Wille für mich richtig erkannt hatte, suchte ich bei einem Pastor, den ich bewunderte, Rat. Sein Rat ist mir heute noch wichtig: „Predige nicht, wenn du nicht musst." Als ich über diese Worte nachdachte, fand ich meine Antwort: „Ich muss. Wenn ich es nicht tue, verzehrt mich das Feuer."

Welches Feuer verzehrt Sie?

Aus: Das Haus Gottes

22. Februar

Kein Risiko

Die Auferstehung ist für alle aufrichtigen Sucher die anschauliche Verkündigung, dass es risikolos ist, zu glauben. Es ist risikolos, an die letztendliche Gerechtigkeit, an den Ewigkeitsleib, an den Himmel als unser Erbe und die Erde als Eingangshalle dazu zu glauben. Es ist risikolos, an eine Zeit zu glauben, in der keine Fragen uns vom Schlaf abhalten und keine Schmerzen niederdrücken. Es ist risikolos, an offene Gräber und endlose Tage und echten Lobpreis zu glauben. Da wir die Geschichte von der Auferstehung für wahr halten können, ist es risikolos, den Rest der Geschichte für wahr zu halten.

Aus: Wenn Christus wiederkommt

23. Februar

Welch eine Gnade!

Wenn ich Jesu Wunden betrachte, verblassen meine
eigenen dagegen. Plötzlich tun sie nicht mehr so weh,
kommt mir mein ganzer Groll und meine Bitterkeit
selbstmitleidig und kindisch vor.
Manchmal frage ich mich, ob wir die Liebe Christi
nicht ebenso sehr in den Menschen sehen, die er
ertrug, wie in den Schmerzen, die er erlitt.
Welch eine Gnade!

Aus: *Staunen über den Erlöser*

24. Februar

Werbeagentur des Himmels

Was die Werbeagenturen für ihre Kunden tun, das tun wir für Christus. Das ist unsere Aufgabe:

„immer stärker seine Herrlichkeit widerspiegeln"
(2. Korinther 3,18).

Als Werbeagentur des Himmels propagieren wir Gott in allen Lebensbereichen, auch mit unserem Erfolg. Ihr Erfolg dient dazu, Gottes Herrlichkeit zu reflektieren. Lesen Sie, welche Ermahnung Mose den Kindern Israels gab:

„Gedenke an den Herrn, deinen Gott;
denn er ist's, der dir Kräfte gibt, Reichtum zu gewinnen,
auf dass er hielte seinen Bund, den er deinen
Vätern geschworen hat"
(2. Mose 8,18; LUT).

Woher kommt Erfolg? Von Gott.

Aus: *Es geht nicht um mich*

25. Februar

Erfolgreich für Gott

Sie können sich einer Sache ganz sicher sein:
Auf irgendeinem Gebiet werden Sie Erfolg haben.
Das ist ein Grundsatz Gottes:

*„Demut und Ehrfurcht vor dem HERRN führen zu
Reichtum, Ehre und Leben"* (SPRÜCHE 22,4).

Ein gottesfürchtiges Leben führt oft zu Erfolg. […]
Und warum schenkt er Erfolg? Zu seinem Ansehen.

*„Auf dass er hielte seinen Bund,
den er deinen Vätern geschworen hat"*
(5. MOSE 8,18; LUT).

Gott segnete Israel, um für seine Treue zu werben.
Wenn andere Völker die fruchtbaren Felder Israels
sahen, sollten sie dabei nicht an die Landwirte denken,
sondern an den Schöpfer der Landwirte.
Ihr Erfolg warb für Gott.

AUS: ES GEHT NICHT UM MICH

26. Februar

Unser mittleres C

Wir können Gott genauso wenig verändern, wie ein Kieselstein den Rhythmus des Pazifiks verändern könnte. Jahwe ist unser mittleres C: ein feststehender Punkt in einer sich drehenden Welt. Wir brauchen einen solchen Fixpunkt. Wir brauchen einen Hirten, der sich niemals verändert. Wir brauchen einen Hirten, für den es keine Ursache gibt. Da ist keiner, der das Leben in Jahwe blies. Keiner zeugte ihn. Keiner gebar ihn. Keiner verursachte seine Existenz. Kein Akt brachte ihn hervor. Obwohl Gott erschafft, wurde er selbst doch nie erschaffen. Obwohl er erzeugt, wurde er doch selbst nie erzeugt. Obwohl er verursacht, wurde er doch selbst nie verursacht.

Aus: Geborgen in Gottes Arm

27. Februar

Furchtlos

Weil keine Tat ihn hervorgebracht hat, kann ihn auch keine Tat wieder zurücknehmen. Fürchtet er etwa ein Erdbeben? Beginnt er bei einem Wirbelsturm zu zittern? Wohl kaum. Jahwe schläft inmitten des Sturms und stillt den Wind mit einem Wort. Krebserkrankungen beunruhigen ihn nicht, und Friedhöfe stürzen ihn nicht in Verwirrung. Er war hier, bevor es sie gab. Er wird noch da sein, wenn sie vergangen sind. Ratgeber können uns im Sturm Trost spenden, aber wir brauchen Gott, der den Sturm stillen kann. Freunde können am Totenbett unsere Hand halten, aber wir brauchen Jahwe, der den Sieg über das Grab davontrug. Philosophen mögen den Sinn des Lebens diskutieren, aber wir brauchen einen Herrn.

Aus: Geborgen in Gottes Arm

28. Februar

Unsere wahre Heimat

Die Angst vor dem Tod hat ein Ende, wenn wir wissen, dass der Himmel unser wahres Zuhause ist. Ich bin schon oft mit dem Flugzeug gereist, doch noch nie habe ich erlebt, dass ein Passagier weint, wenn das Flugzeug landet. Nie. Niemand klammert sich an die Armlehnen und bettelt: „Ich möchte nicht aussteigen. Ich möchte hierbleiben und noch mehr Erdnüsse knabbern." Wir sind bereit auszusteigen, weil das Flugzeug nicht unser Bestimmungsort ist. Diese Welt ist es auch nicht.

„Aber unsere Heimat ist der Himmel, wo Jesus Christus, der Herr, lebt. Und wir warten sehnsüchtig auf ihn, auf die Rückkehr unseres Erlösers"
(PHILIPPER 3,20).

AUS: DURST

29. Februar

Familienabschiede

Flughäfen. Gepäck. Umarmungen. Schlusslichter. „Wink schön für die Oma!" Tränen. Busbahnhöfe. Anlegebrücken. „Ade, Papa." Kloß in der Kehle. Fahrkartenschalter. Feuchte Augen. „Schreib mir!"
Frage: […] Was ist das für ein Gott, der einem erst Verwandte schenkt und dann verlangt, dass man sie verlässt? Was ist das für ein Gott, der einem Freunde gibt, nur um anschließend zu erwarten, dass man ihnen Auf Wiedersehen sagt? […]
Antwort: Ein Gott, der weiß, dass wir nur Pilger auf dieser Erde sind und dass die Ewigkeit so nahe ist, dass jedes „Ade" in Wirklichkeit ein „Bis bald!" ist.

Aus: *Staunen über den Erlöser*

1. März

Gottes Geschenk annehmen

„Nach seinem Plan und Willen hat Gott uns schon im Voraus durch Christus als seine Erben eingesetzt" (Epheser 1,11). Nehmen Sie sich einen Augenblick Zeit und reden Sie mit Gott. Ob Sie nun eine Entscheidung treffen oder eine frühere noch einmal bestätigen – reden Sie auf jeden Fall mit Ihrem Schöpfer über Ihr ewiges Leben. Vielleicht wollen Sie dieses Gebet nachsprechen:

*Immanuel, du bist bei mir. Du bist Mensch geworden und in diese Welt gekommen. Du bist der Retter geworden und hast meine Sünde auf dich genommen. Ich nehme dein Geschenk an. Ich empfange dich als meinen Herrn, Retter und Freund.
Durch dich werde ich nie wieder allein sein.*

Aus: Ganz du selbst

2. MÄRZ

Das Tollste

Möchten Sie wissen, was das Tollste am Kommen Jesu ist? […] Das Tollste ist nicht, dass der Eine, der mit den Sternen Murmeln spielte, all das aufgab, um mit Murmeln Murmeln zu spielen. Oder dass der Eine, der die Galaxien errichtete, das alles aufgab, um Türrahmen für einen launischen, ungehaltenen Kunden zu setzen, der alles gestern fertig haben wollte, aber nicht vor übermorgen bezahlen kann. […] Aber möchten Sie wissen, was das Tollste daran war, dass er die Krone des Himmels gegen eine Dornenkrone eingetauscht hat?

Er hat es für Sie getan, nur für Sie.

AUS: WEIL DU ES IHM WERT BIST

3. März

Gott – der Herr der Lage?

Wenn ein Unglück zuschlägt, sei es persönlich, regional begrenzt oder weltweit, fragen Menschen, wie Gott so etwas zulassen konnte. Was hat er sich dabei wohl gedacht? Ist Gott wirklich Herr der Lage? Können wir darauf vertrauen, dass er das Universum lenkt, wenn er so etwas zugelassen hat? Es ist wichtig, zu erkennen, dass Gott in einem anderen Bereich, in einer anderen Dimension lebt.

„Meine Gedanken sind nicht eure Gedanken (…) und meine Wege sind nicht eure Wege. Denn so viel der Himmel höher ist als die Erde, so viel höher stehen meine Wege über euren Wegen und meine Gedanken über euren Gedanken"
(Jesaja 55,8-9).

Aus: Ganz du selbst

4. März

Guter Rat für das Leben

Anstatt den Blick starr auf die Angst zu richten, wollen wir uns lieber auf die Lösung konzentrieren.
So hat es Jesus gemacht. […]
Und auch der Verfasser des Hebräerbriefes rät uns dazu:

„Wir wollen den Wettlauf bis zum Ende durchhalten, für den wir bestimmt sind. Dies tun wir, indem wir unsere Augen auf Jesus gerichtet halten, von dem unser Glaube vom Anfang bis zum Ende abhängt"
(Hebräer 12,1-2).

Schätzen wir nicht die Höhe des Berges ab, sondern sprechen wir mit dem, der ihn bewegen kann. Statt die Welt auf unseren Schultern zu tragen, reden wir mit demjenigen, der das ganze Universum trägt. Hoffnung ist nicht weiter als einen Blick entfernt.

Aus: Geborgen in Gottes Arm

5. März

Eine Pause einlegen

„Kommt, wir ziehen uns an einen einsamen Ort zurück,
wo ihr euch ausruhen könnt"
(MARKUS 6,3).

Sie müssen Fahrgemeinschaften bilden, Ihre Geschäfte organisieren, Verkaufsbemühungen unternehmen, Maschinen, Organisationen und Budgets in den Griff bekommen. Sie müssen sich abhetzen. Jesus versteht das. Er kennt die Hetze des Lebens. Die Menschen haben ihn völlig vereinnahmt mit ihren Bitten und Ansprüchen. Aber er weiß auch, wie man sich aus dem Spiel ausklinken kann. […]
Er verblüfft die Experten der Öffentlichkeitsarbeit, indem er der Menge den Rücken kehrt und sich in ein Naturschutzgebiet, eine versteckte Bucht, ein leer stehendes Gebäude, einen *einsamen* Ort zurückzieht. […]
Wie steht es mit Ihnen?

Aus: Ganz du selbst

6. März

Liebevolle Hände

Die Menschen sehnten sich nach seiner einfühlsamen
Berührung:

Eltern, die ihre Kinder zu ihm trugen,
Arme, die ihre Ängste brachten,
Sünder mit ihrer drückenden Last.
Und jeder, der kam, wurde berührt.
Und jeder, der berührt wurde, wurde verändert.
Die Hände, die den Sternen ihren Platz am Himmel
zugewiesen hatten, wischten auch die Tränen
der Witwe und des Aussätzigen ab.

Aus: Sein Name ist Jesus

7. März

Städte brauchen Klempner

Für Gott ist Arbeit so wichtig, dass er ihr ein eigenes Gebot auf der Gesetzestafel widmet:

„Sechs Tage sollt ihr arbeiten, am siebten Tag aber sollt ihr ausruhen"
(2. Mose 34,21).

Die zweite Hälfte dieses Verses gefällt uns allen. Aber die Begeisterung über den Tag der Ruhe kann uns dazu verleiten, den Arbeitsbefehl zu übersehen: *„Sechs Tage sollt ihr arbeiten."* Ob Sie nun zu Hause arbeiten oder irgendwo anders, Ihre Arbeit ist Gott wichtig. Und Ihre Arbeit ist für die Gesellschaft wichtig. Wir brauchen Sie! Städte brauchen Klempner. Nationen benötigen Soldaten. Ampeln fallen aus. Knochen gehen zu Bruch. Wir benötigen Menschen, um Erstere zu reparieren und Letztere wieder zu richten.

Aus: Ganz du selbst

8. März

Gott mit der Arbeit ehren

Ob Sie für Ihre Arbeit den Computer anschalten oder Ihre Schuhe schnüren, Sie tun das, was Gott tut. Er selbst hat sechs Tage an seiner Schöpfung gearbeitet. Jesus sagt:

„Mein Vater hat bis heute nicht aufgehört zu wirken und deshalb wirke ich auch"
(JOHANNES 5,17).

Ihr Arbeitsleben nimmt die Hälfte Ihres Lebens ein. Sollte man Gott nicht darin erkennen können? Sollten diese 40 bis 60 Stunden pro Woche nicht auch ihm gehören? Die Bibel spricht sich nirgends dafür aus, dass die Arbeit eine Sucht oder eine Flucht für uns sein soll. Aber Gott ruft alle körperlich Starken dazu auf, den Garten zu bestellen, den er uns schenkt. Gott erkennt Ihre Arbeit an. Also ehren Sie Gott mit Ihrer Arbeit.

AUS: GANZ DU SELBST

9. März

Von Gott signiert

Mit Gott an Ihrer Seite wissen Sie, dass Sie Ihr Leben keinem Zufall oder „Betriebsunfall" verdanken. Sie sind ein Geschenk für die Welt, ein göttliches Kunstwerk, von Gott signiert. […] Was uns zu etwas Besonderem macht, ist nicht unser Körper, sondern die Unterschrift Gottes auf unserem Leben. Wir sind seine Kunstwerke. Wir sind nach seinem Bild geschaffen, um gute Werke zu tun. Was uns bedeutend macht, ist nicht das, was wir tun, sondern zu wem wir gehören.

Aus: Weil Gott dich trägt

10. März

Außergewöhnlich

Jeden Tag habe ich die Ehre, in einem Buch zu lesen, das die Worte des Einen, der mich geschaffen hat, enthält. Jeden Tag habe ich die Gelegenheit, von ihm einen oder zwei Gedanken für mein persönliches Leben zu erhalten.
Wenn ich nicht tue, was er sagt, verbrennt er das Buch nicht und kündigt auch mein Abonnement nicht. Wenn ich mit dem, was er sagt, nicht einverstanden bin, zerreißt kein Blitz meinen Sessel in Stücke und kein Engel streicht meinen Namen von der Liste der Heiligen. Wenn ich nicht verstehe, was er sagt, nennt er mich keinen Trottel.
Er nennt mich „Sohn" und erklärt mir auf einer anderen Seite, was ich nicht verstehe.

Außergewöhnlich.

Aus: Ruhe im Sturm

11. März

Kein Wunder

Wir verstehen, wie Stürme entstehen.
Wir stellen Sonnensysteme kartografisch dar und transplantieren Herzen. Wir messen die Tiefen der Ozeane und senden Signale zu fernen Planeten. Wir haben das System erforscht und verstehen immer besser, wie es funktioniert.
Für einige ging mit dem Schleier des Geheimnisses auch die Herrlichkeit Gottes verloren. Je mehr wir wissen, umso weniger glauben wir. Seltsam, oder? Das Wissen, wie etwas funktioniert, lässt ja das Wunder nicht kleiner werden. [...] Wir sind von der Erfindung des Lichtschalters mehr beeindruckt als von dem, der die Elektrizität geschaffen hat. [...] Kein Wunder, dass es keine Wunder mehr gibt. Wir bilden uns ein, alles klar zu durchblicken.

Aus: Weil Gott dich trägt

12. März

Noch heute

„Ich versichere dir: Heute noch wirst du mit mir im Paradies sein." Ist das nicht das Versprechen, das Jesus dem Verbrecher am Kreuz gab? Früher hatte der Verbrecher Jesus abgelehnt. Jetzt empfindet er Reue und bittet um Barmherzigkeit.

„Jesus, denk an mich, wenn du in dein Reich kommst"
(LUKAS 23,42).

Wahrscheinlich bittet der Verbrecher, dass an ihn in ferner Zukunft gedacht wird, wenn das Reich Gottes kommt. Er hat keine sofortige Antwort erwartet. Aber er bekommt sie:

„Ich versichere dir: Heute noch wirst du mit mir im Paradies sein"
(V. 43).

AUS: WENN CHRISTUS WIEDERKOMMT

13. MÄRZ

Auf Gott hören

Unter den richtigen Voraussetzungen können wir lernen, auf Gott zu hören. […] Wir brauchen nicht nur eine regelmäßige Zeit und eine offene Bibel, wir brauchen auch ein hörendes Herz. Vergessen Sie nicht die Ermahnung des Jakobus:

„Wer aber ständig auf das vollkommene Gesetz Gottes achtet – das Gesetz, das uns frei macht – und befolgt, was es sagt, und nicht vergisst, was er gehört hat, den wird Gott segnen"
(JAKOBUS 1,25).

Wir wissen, dass wir auf Gott hören, wenn andere in unserem Leben sehen, was wir in der Bibel lesen.

AUS: WERDEN WIE JESUS

14. März

Vollkommen

Du bist ein großer Gott.
Dein Wesen ist heilig.
Deine Wahrheit ist absolut.
Deine Kraft ist endlos.
Deine Maßnahmen sind gerecht.
Deine Fürsorge ist mehr als genug
für unsere Bedürfnisse.

Dein Licht reicht aus für unseren Weg.
Deine Gnade genügt für unsere Sünden.
Du kommst nie zu früh, nie zu spät.
Du sandtest deinen Sohn, als die Zeit erfüllt war,
und du wirst wiederkommen,
um die Zeit zu vollenden.
Dein Plan ist vollkommen.
Verwirrend. Rätselhaft. Beunruhigend.
Aber vollkommen.

Aus: Geborgen in Gottes Arm

15. März

Gottes unendliche Kraft

Sie und ich haben möglicherweise Macht. Doch Gott ist Macht. Wir sind vielleicht Glühwürmchen, aber er ist das Licht selbst.

„Ihm gehören Weisheit und Stärke"
(DANIEL 2,20; LUT).

Betrachten Sie unser Universum. Anders als der Töpfer, der Ton nimmt und daraus etwas formt, nahm Gott nichts und schuf etwas. Gott schuf alle Existenz durch einen göttlichen Machtspruch, ex nihilo (aus dem Nichts). Er war nicht auf bereits vorhandenes Material angewiesen. Vor der Schöpfung war das Universum kein dunkler Raum. Das Universum existierte überhaupt nicht. Gott schuf die Dunkelheit erst.

„Ich bin der HERR, und sonst keiner mehr,
der ich das Licht mache und schaffe die Finsternis"
(JESAJA 45,6-7; LUT).

AUS: WERDEN WIE JESUS

16. März

Gottes höchster Traum

Wir haben versucht, schwimmend den Atlantik zu überqueren, sind aber nicht über das Riff hinausgekommen. Wir wollten den Mount Everest der Erlösung erklimmen, haben aber noch nicht mal das Basislager verlassen, geschweige denn den ersten leichten Anstieg genommen. Die Aufgabe ist einfach zu groß. Wir brauchen nicht mehr Proviant – wir brauchen einen Hubschrauber! Hören Sie ihn schon?

„Doch nun hat Gott uns unabhängig vom Gesetz einen anderen Weg gezeigt, wie wir in seinen Augen gerecht werden können"
(Römer 3,21).

[…] Gottes höchster Traum ist es nicht, uns reich oder erfolgreich, beliebt oder berühmt zu machen. Gottes Wunsch ist es, uns vor ihm gerecht zu machen.

Aus: Weil Gott dich trägt

17. März

Die einzige Alternative

Hass trübt Ihren Blick und bricht Ihnen das Kreuz. Die Last der Bitterkeit ist einfach zu schwer. Ihre Knie sacken unter dem Druck zusammen, Ihr Herz zerbricht unter dem Gewicht. Der Berg, der vor Ihnen liegt, ist steil genug, auch ohne die Bürde des Hasses auf Ihren Schultern. Die klügste Alternative – die einzige Alternative –, die Sie haben, ist, die Wut fallen zu lassen. Niemals wird von Ihnen verlangt werden, einem Menschen gegenüber gnädiger zu sein, als Gott Ihnen gegenüber bereits gnädig gewesen ist.

Aus: Weil Gott dich trägt

18. März

Die kleinen Vögel

Gott denkt an die kleinen Vögel auf der Welt.
Wir denken an die Adler. Wir machen Bronzestatuen
von Habichten und nennen unsere Sportteams nach
den Falken. Doch Gott achtet auf die Spatzen.
Er nimmt sich Zeit für die Kinder und kümmert sich
um die Aussätzigen. Er gibt der Ehebrecherin eine
zweite Chance und dem Verbrecher am Kreuz eine
persönliche Einladung. Christus ergreift die Partei der
Kaputten und der Ausgegrenzten.

Aus: Sein Name ist Jesus

19. März

Verurteilt

Wir verurteilen einen Mann dafür, dass er heute strauchelt, aber wir sehen die Schläge nicht, die er gestern einsteckte. Wir richten eine Frau, weil sie hinkt, können aber den Nagel in ihrem Schuh nicht erkennen. Wir machen uns über die Angst in ihren Augen lustig, haben aber keine Ahnung, vor wie vielen Steinen sie sich geduckt oder wie vielen Pfeilen sie ausgewichen ist.

Sind manche Leute zu laut? Vielleicht haben sie das Gefühl, sie werden schon wieder übersehen. Sind sie zu schüchtern? Vielleicht haben sie Angst, wieder zu versagen. Zu langsam? Vielleicht sind sie das letzte Mal, als sie sich beeilten, gefallen. Wir wissen es nicht.

Aus: Weil Gott dich trägt

20. März

Unsere Arbeitsplatzbeschreibung

Wenn das Wort Retter in Ihrer Arbeitsplatzbeschreibung steht, dann haben Sie selbst es dort eingefügt. Ihre Rolle ist es, der Welt zu helfen, nicht, sie zu retten. Der „Mount Messias" ist zu hoch für Sie. Ebenso ist es mit dem „Mount Schaff-ich-alles-selbst". Nicht Sie regieren die Welt und sorgen dafür, dass alles läuft. Manche Menschen meinen, sie könnten es. Sie glauben, sie schaffen es aus eigener Kraft. Sie beugen ihre Knie nicht, sondern krempeln die Ärmel hoch und beginnen einen weiteren Zwölf-Stunden-Tag. […] Sie sind nicht dazu geschaffen, ein Königreich zu regieren, und niemand erwartet von Ihnen, dass Sie allmächtig sind.

Aus: Das Haus Gottes

21. März

Danke!

„Und er heilte sie alle." Dieser Satz ist zu kurz, um das zu beschreiben, was wirklich ein verblüffender Anblick gewesen sein muss.
Lassen Sie Ihrer Fantasie freien Lauf. […]
Können Sie sich den blinden Mann vorstellen, der zum ersten Mal seine Frau sieht? Wie seine Augen in ihre mit Tränen gefüllten Augen blicken, als sei sie die Königin des Morgens?
Malen Sie sich aus, wie der Mann, der noch nie auf seinen Beinen gestanden hatte, geht! […]
Glauben Sie nicht, dass er rannte und sprang und mit den Kindern tanzte? […]
Danke!
Ich kann vor meinem inneren Auge sehen, wie die Menschenmengen sich schoben und drängten, näher zu ihm kommen wollten. Nicht um etwas zu erbitten, sondern einfach, um „Danke" zu sagen.

Aus: Sein Name ist Jesus

22. März

Erlöst

Können Sie Ihrer Erlösung etwas hinzufügen? Nein. Das Werk ist vollendet. Können Sie sich diese Erlösung verdienen? Nein. Entehren Sie Gott nicht, indem Sie es versuchen. Wagen wir es, auf diese Erlösung stolz zu sein? Keinesfalls. Der Geber des Brotes verdient Lob, nicht der Bettler.

„Wer stolz sein will, soll auf das stolz sein, was der Herr getan hat"
(1. KORINTHER 1,31).

AUS: *ES GEHT NICHT UM MICH*

23. März

Gottes Kraft und Allmacht

Gott bringt Kräfte hervor, die Meteore ins All katapultieren, Planeten in die Umlaufbahn bringen und Sterne entzünden. Er befiehlt Walen, Wasserfontänen auszustoßen, Petunien, bei Nacht zu duften, und Singvögeln, ihre Freude in den Frühling hineinzuzwitschern. Über der Erde formen sich Heerscharen von Wolken immer wieder aufs Neue. Unter der Erde verschieben und verändern sich ächzende Gesteinsschichten. Wer sind wir, dass wir uns auf diesem bebenden, großartigen Planeten, der so voller Wunder ist, aufhalten dürfen?

AUS: GANZ DU SELBST

24. März

Über die Schulter sehen

Die Menschen bringen Jesus nicht nur kranke Körper und hilflose Seelen. Sie bringen ihm Termine, Reisepläne, ungebetene Ratschläge. […]
Die Menschheitsherde will den Kurs für Jesus bestimmen. „Höre auf uns", sagt sie.
„Wir werden deine Schritte lenken."
Auch Ihnen sagen die Leute das. Sehen Sie mal über Ihre Schulter – die Menge ist nur einen Schritt hinter Ihnen. Sie weiß nichts von Ihren Stärken und Ihrer persönlichen Geschichte. Trotzdem scheint sie besser über Ihr Leben Bescheid zu wissen als Sie selbst. Sie kann Ihnen sagen, wo Sie arbeiten sollten. Wen Sie heiraten sollten. Was Sie studieren sollten. Sie wird Ihr Leben bestimmen, wenn Sie es zulassen.
Jesus lässt es nicht zu.

Aus: Ganz du selbst

25. März

Zu Hause anrufen

„Und er nahm die fünf Brote und zwei Fische, blickte hinauf zum Himmel und bat Gott um seinen Segen für das Essen. Dann brach er das Brot in Stücke"
(Matthäus 14,19).

Jesus [musste] inmitten von Scherereien zu Hause anrufen […]. Er war von Menschen umgeben, die nach Essen verlangten, und von Jüngern, die eine Pause wollten. […] Jesus brauchte eine Minute mit jemandem, der ihn verstand. […] Er plauderte mit dem Einen, den er liebte. Er hörte den Klang von zu Hause, der ihm fehlte. […]
Vielleicht sollten auch Sie zu Hause anrufen. Gott wird glücklich sein, wenn Sie es tun – und es wird Sie noch viel glücklicher als ihn machen.

Aus: *Ruhe im Sturm*

26. März

Der optimale Punkt

Nutzen Sie Ihre Einzigartigkeit (was Sie tun),
um Gott ins Rampenlicht zu stellen (warum Sie es tun),
und das an jedem Tag Ihres Lebens (wo Sie es tun).

Da, wo diese drei Bereiche sich überschneiden, finden
Sie die Heilung für Ihren Alltag: Ihren optimalen Punkt.
Sie haben einen optimalen Punkt, wissen Sie. Ihr Leben
hat eine Handlung, Ihre Jahre haben ein Thema. Sie können
etwas Bestimmtes auf eine Art und Weise
tun wie kein anderer.
Und wenn Sie herausfinden, was das ist, und es dann
tun, haben Sie Ihren optimalen Punkt entdeckt.

Aus: Ganz du selbst

27. März

Wertvoll!

Die Liebe Jesu zu uns hängt nicht davon ab, was wir für ihn tun können. In den Augen des Königs haben Sie einen Wert, weil – es Sie gibt. Sie brauchen nicht gut auszusehen oder genug zu leisten. Ihr Wert ist angeboren, Punkt.

Denken Sie einen Augenblick darüber nach. Sie sind wertvoll, weil es Sie gibt. Nicht, weil Sie das und das tun oder getan haben, sondern einfach, weil Sie da sind. Merken Sie sich das und denken Sie daran, wenn Sie das nächste Mal jemand mit der Dampfwalze seines Ehrgeizes an die Wand drückt oder Ihnen ein Schleuderpreisschild an Ihr Ich heften will.

Das nächste Mal, wenn jemand Sie billig machen will, denken Sie einfach daran, wie wertvoll Sie Jesus sind, und lächeln Sie.

Aus: Staunen über den Erlöser

Werden wie Christus

Wir hängen unser Herz an Dinge, die rosten.
Er schätzt Dinge, die Bestand haben. Wir freuen uns
über unsere Erfolge. Er freut sich, wenn wir unsere
Sünden bekennen. Wir zeigen unseren Kindern den
Olympiasieger mit dem gewinnenden Lächeln und
sagen: „Werde wie er." Gott zeigt auf den gekreuzigten
Zimmermann mit den blutigen Lippen und der
durchbohrten Seite und sagt: „Werde wie Christus."

Aus: *In Schattenzeiten Gott begegnen*

29. März

Die Liste unserer Fehler

Am Kreuz baumelt ein detailliertes Verzeichnis Ihrer Sünden. Die schlechten Entscheidungen vom letzten Jahr, die gemeinen Verhaltensweisen von letzter Woche. Hier, im hellen Tageslicht, sichtbar für den ganzen Himmel, hängt die Liste Ihrer Fehler. [...]
Die Liste, die Gott erstellt hat, kann jedoch nicht gelesen, die Wörter können nicht entziffert werden. Die Fehler sind bedeckt und die Sünden verborgen. Die Sünden, die oben auf der Liste stehen, werden von seiner Hand verborgen, die Sünden unten auf der Liste werden von seinem Blut überdeckt. [...]

„[Er] hat uns vergeben alle Sünden. Er hat den Schuldbrief getilgt, der mit seinen Forderungen gegen uns war, und hat ihn weggetan und an das Kreuz geheftet"
(KOLOSSER 2,13B-14).

AUS: STAUNEN ÜBER DEN ERLÖSER

30. März

Veränderungen

Der Tod zerreißt die lebendigsten Familien.
Die Rente holt die besten Angestellten ein.
Das Alter hinterlässt bei den stärksten Körpern
Spuren. Veränderungen gehören zum Leben dazu.
Doch zu Veränderungen gehört auch die beruhigende
Gewissheit, dass der Himmel beständig ist.

„Gottes Wahrheit steht fest wie ein Grundstein"
(2. Timotheus 2,19).

Gottes Bauwerke bleiben ewig bestehen.

Aus: *Es geht nicht um mich*

31. März

Geistlich ausgerichtet

Ich dachte immer, es gebe zwei Arten von Menschen: die Geretteten und die nicht Geretteten.
Paulus verbessert mich, indem er eine dritte Gruppe beschreibt: Menschen, die gerettet, aber *nicht geistlich ausgerichtet sind* (vgl. 1. Korinther 3,1-3).
Der geistlich ausgerichtete Mensch steht unter der Führung und Herrschaft des Heiligen Geistes.
Er versucht, so zu leben, wie es dem *„neuen Leben im Heiligen Geist entspricht"* (GALATER 5,16). […]
Menschen, die gerettet, aber nicht geistlich ausgerichtet sind, sehen die Rettung so, wie ein Bauer dreißig Hektar unbestelltes Land sieht – jede Menge Arbeit. *Regelmäßiger Kirchgang, Widerstand gegen die Sünde – habe ich genug getan?* Kein Wunder, dass sie müde sind. Kein Wunder, dass sie hadern.

AUS: DURST

1. April

Erbe der Ewigkeit

Legen Sie Ihr Familienalbum weg und greifen Sie nach der Bibel. Denken Sie darüber nach. Geistliches Leben kommt von Gottes Geist! […] Ihre Eltern haben Ihnen die Gene vererbt, aber Gott gibt Ihnen Gnade. Ihr Körper ist durch Ihre Eltern entstanden, aber Gott hat Ihre Seele gemacht. Ihr Aussehen haben Sie vielleicht von Ihrer Mutter geerbt, aber die Ewigkeit haben Sie von Ihrem Vater geerbt, Ihrem himmlischen Vater. Übrigens, er kennt Ihre Probleme. Und nicht nur das, er möchte Ihnen gern das geben, was Ihre Familie Ihnen nicht geben konnte.

AUS: DU BIST SCHÖN

2. April

Heiliges Anderssein

Die Schleier, die Ihnen und mir die Sicht nehmen, existieren für Gott nicht. Unausgesprochene Worte sind für ihn längst gesagt. Geheime Gedanken sind für ihn wie ein offenes Buch. Ungeschehene Augenblicke sind für ihn wie die Vergangenheit. Er kennt die Zukunft, die Gegenwart, die Vergangenheit, das Verborgene und das Ungesagte. Nichts ist vor Gott verborgen. Er ist allmächtig, allwissend und allgegenwärtig. […] Gott selbst sagt dazu:

„Bin ich nur ein Gott, der nahe ist, (…)
und nicht auch ein Gott, der ferne ist? (…)
Bin ich es nicht, der Himmel und Erde erfüllt?"
(JEREMIA 23,23-24; LUT).

Sehen Sie das „heilige Anderssein" Gottes?

AUS: DURST

3. April

Die Zärtlichkeit des Aprilschnees

Wir müssen uns nicht mit einem minderwertigen Gott belasten, einem Gott im Regal, einem Gott in einer Kiste oder einem Gott in einer Flasche. Nein, wir brauchen einen Gott, der 100 Milliarden Sterne in unsere Galaxie setzen kann und 100 Milliarden Galaxien in unser Universum. Wir brauchen einen Gott, der aus zwei Händen voll Materie 75 bis 100 Milliarden Nervenzellen formen kann, jede einzelne mit 10 000 Verbindungen zu anderen Nervenzellen, und der all das in eine Hirnschale legen und es Gehirn nennen kann. Und wir brauchen einen Gott, der, während er so atemberaubend mächtig ist, in der Sanftheit der Nacht kommen und uns mit der Zärtlichkeit eines Aprilschnees berühren kann. Wir brauchen Jahwe.

Aus: Geborgen in Gottes Arm

4. April

Selbstwert

„Denn durch dieses Opfer hat er alle, die er heiligt, für immer vollkommen gemacht" (Hebräer 10,14).
Unterstreichen Sie das Wort „vollkommen". Achten Sie darauf, dass hier nicht das Wort „besser" steht. Nicht in Entwicklung. Nicht im Aufschwung begriffen.
Gott verbessert nicht; er vervollkommnet. […]
Jetzt verstehe ich, dass ein Sinn darin liegt, dass wir unvollkommen sind. Wir sündigen immer noch. Wir stolpern immer noch. Wir tun genau das,
was wir nicht tun wollen. Dieser Teil von uns wird diesem Vers zufolge „geheiligt".
Doch wenn es um unsere Stellung vor Gott geht, sind wir vollkommen. Wenn er einen von uns anschaut, sieht er einen Menschen, der durch den Einen,
der vollkommen ist – Jesus Christus –,
vollkommen gemacht wurde.

Aus: *Ruhe im Sturm*

5. April

Gottes unendliche Liebe

Ich lächle […], weil ich weiß, dass ich eine solche Liebe nicht verdient habe. Keiner von uns hat sie verdient. Wenn wir ehrlich sind, müssen wir zugeben, dass wir alle Gott wenig oder nichts zu bieten haben. Selbst die Reinsten und Heiligsten unter uns verdienen den Himmel ungefähr genauso wie der Schächer am Kreuz. Wir alle benutzen die Kreditkarte Jesu und nicht unsere eigene.
Und ich muss auch lächeln, wenn ich daran denke, dass durch die goldenen Gassen des Himmels ein Ex-Knastbruder spaziert, der mehr über Gnade weiß als tausend gelehrte Theologen. Keiner hätte auch nur ein Gebet für ihn übrig gehabt, und ein Gebet war alles, was er selbst zu bieten hatte. Aber das reichte.

Aus: Staunen über den Erlöser

6. April

Anlass zum Vertrauen

Wenn ein Christ stirbt, so ist das kein Anlass zur Verzweiflung, sondern ein Anlass zum Vertrauen. Wie ein Samenkorn in die Erde gelegt wird und die äußere Hülle zerfällt, so wird unser fleischlicher Körper begraben und er zerfällt. Aber genau wie aus dem begrabenen Samenkorn neues Leben keimt, so wächst unser Körper zu einem neuen Körper heran. Jesus sagte:

„Ein Weizenkorn muss in die Erde ausgesät werden.
Wenn es dort nicht stirbt, wird es allein bleiben
– ein einzelnes Samenkorn.
Sein Tod aber wird viele neue Samenkörner
hervorbringen – eine reiche Ernte neuen Lebens"
(JOHANNES 12,24).

Aus: Wenn Christus wiederkommt

7. April

Zufrieden

Zufrieden. Das ist das Wort.
Ein Zustand des inneren Friedens, wenn Gott Ihnen nicht mehr gibt als das, was er Ihnen bereits gegeben hat. Prüfen Sie sich mit der Frage: Was wäre, wenn Gottes einziges Geschenk an Sie seine Gnade wäre, mit der er Sie rettet? Wären Sie zufrieden?
Was wäre, wenn seine Antwort lautete: „Lass dir an meiner Gnade genügen"? Wären Sie zufrieden?
Sehen Sie, vom Himmel aus gesehen ist Gnade genug.

AUS: WEIL GOTT DICH TRÄGT

8. April

Gott gebraucht uns

Benutzen Sie Ihren Körper, um Gott zu ehren. […]
Ihr Körper ist Gottes Werkzeug, er ist für seine Arbeit
und für seine Herrlichkeit bestimmt. Die Bibel zeigt,
dass unser Körper nicht uns gehört.

*„Ihr gehört nicht euch selbst,
denn Gott hat einen hohen Preis für euch bezahlt.
Deshalb ehrt Gott mit eurem Leib!"*
(1. KORINTHER 6, 19-20).

Halten Sie Gottes Werkzeug instand. Ernähren
Sie es. Gönnen Sie ihm Ruhe. Wenn Gott ein robustes
Arbeitsgerät braucht – einen Diener, der genug ausgeruht ist, um zu dienen, der genug Treibstoff hat, um zu
arbeiten, der munter genug ist, um zu denken –, dann
lassen Sie sich von ihm finden. Gott gebraucht Sie.

AUS: ES GEHT NICHT UM MICH

9. April

Die richtigen Entscheidungen treffen

Ich habe etwas gegen lügnerische Stimmen,
die unsere Welt mit Lärm erfüllen.
Auch Sie haben diese Stimmen schon gehört.
Sie rufen Ihnen zu, Ihre Ehrlichkeit für einen neuen
Kaufvertrag hinzugeben, Ihre Überzeugungen gegen
ein leichtes Geschäft auszutauschen, Ihren Glauben für
eine schnelle Triebbefriedigung preiszugeben.
Sie flüstern. Sie locken. Sie höhnen. Sie peinigen.
Sie kokettieren. Sie schmeicheln. […]
Die Welt hämmert an Ihre Tür; Jesus klopft leise an.
Die Stimmen schreien nach Ihrer Ergebenheit;
Jesus bittet sanft und liebevoll darum. Die Welt verspricht glitzerndes Vergnügen; Jesus verspricht ein
ruhiges Gastmahl … mit Gott.
Welche Stimme hören Sie?

AUS: *RUHE IM STURM*

10. April

Brunnen der Liebe

Brauchen Sie einen Brunnen der Liebe, der nicht austrocknet? Sie finden einen auf einem steinigen Hügel außerhalb der Stadtmauern Jerusalems, wo Jesus ans Kreuz genagelt mit der Dornenkrone hängt. Steigen Sie auf diesen Berg, wenn Sie sich ungeliebt vorkommen. [...] Beide Augen nach Schlägen zugeschwollen, die Schultern wund geschunden, die Lippen blutig und aufgesprungen. [...] Er atmet keuchend und schwer. Wenn Sie in das blutverschmierte Gesicht des einzigen Sohnes des Himmels blicken, dann vergessen Sie nicht:

„Gott dagegen beweist uns seine große Liebe dadurch, dass er Christus sandte, damit dieser für uns sterben sollte, als wir noch Sünder waren"
(RÖMER 5,8).

AUS: *DURST*

11. April

Alles, was wir brauchen

Der Himmel kennt uns nicht als den Typen mit dem schicken Anzug oder als die Frau mit dem großen Haus oder als das Kind mit dem neuen Fahrrad.
Der Himmel kennt unser Herz. […]
Wenn Gott uns anschaut, sieht er unser Mitgefühl, unsere Hingabe, unsere Sanftheit oder unsere schnelle Auffassungsgabe, aber für unseren Besitz interessiert er sich nicht. Wir haben einen Gott, der uns hört.
Die Kraft der Liebe ist hinter uns, der Heilige Geist ist in uns, und der gesamte Himmel liegt vor uns.
Wenn wir den Hirten haben, dann haben wir Gnade für jede Sünde, Wegweisung für jede Kreuzung, ein Licht für jeden Winkel und einen Anker für jeden Sturm. Wir haben alles, was wir brauchen.

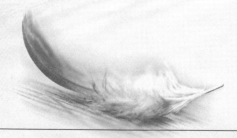

Aus: *Geborgen in Gottes Arm*

12. April

Zeichen

Gott weiß um unsere Begriffsstutzigkeit. Er weiß, dass wir manchmal Zeichen nicht erkennen. Vielleicht hat er uns deshalb so viele gegeben. Der Regenbogen nach der Flut bedeutet Gottes Bund mit den Menschen. Die Beschneidung ist ein Kennzeichen für die Erwählten Gottes und die Sterne ein Bild für die Größe seiner Familie. Auch heute noch sehen wir Zeichen in der neutestamentlichen Kirche. Das Abendmahl ist ein Zeichen seines Todes und die Taufe ein Zeichen für unsere geistliche Geburt. Jedes dieser Zeichen ist ein Sinnbild für eine größere geistliche Wahrheit.

Aus: Weil du es ihm wert bist

13. April

Ein Stück vom Himmel

Gott hat die vielen Weltwunder für jeden Einzelnen von uns getan, und er wartet darauf, dass wir sein Geschenk entdecken. Er wartet darauf, dass wir die Augen aufreißen und unser Herz für einen Schlag aussetzt. Er wartet auf den Moment zwischen dem Herunterfallen der Kinnlade und dem Hüpfen des Herzens. Denn in dieser Stille beugt er sich vor und flüstert: „Ich habe das nur für dich gemacht."

Solche Liebe klingt unglaublich? Das mag sein. Und trotzdem gibt uns unser Vater im Himmel manchmal ein Stück vom Himmel, einfach um uns zu zeigen, dass wir ihm wichtig sind.

Aus: *Geborgen in Gottes Arm*

14. April

Gott ohne Grenzen

Was uns in Grenzen hält, hält ihn nicht in Grenzen.
Was uns beunruhigt, beunruhigt ihn nicht.
Was uns ermüdet, ermüdet ihn nicht. Wird ein Adler vom Straßenverkehr gestört? Nein, er erhebt sich über ihn. Wird ein Wal von einem Wirbelsturm in Schrecken versetzt? Natürlich nicht, er taucht unter ihm durch. Wird ein Löwe nervös, weil eine Maus ihm im Weg steht? Nein, er steigt über sie hinweg.
Wie viel mehr kann Gott sich über die Probleme der Welt erheben, unter ihnen hindurchgleiten oder über sie hinwegsteigen. Was einem Menschen unmöglich ist, ist bei Gott möglich (siehe Matthäus 19,26).

Aus: In Schattenzeiten Gott begegnen

15. April

Ein großes Versprechen

„Kommt alle her zu mir, die ihr müde seid und schwere
Lasten tragt, ich will euch Ruhe schenken"
(MATTHÄUS 11,28).

Es ist die Einladung eines mittellosen Rabbis aus
einem unterdrückten Volk. Er hat kein politisches Amt,
keine Verbindungen zur Obrigkeit in Rom.
Er hat keinen Bestseller geschrieben
und kein Diplom erworben.

Und doch wagt er es, in die wettergegerbten Gesichter
der Bauern und die müden Gesichter der Hausfrauen
zu schauen und ihnen Ruhe anzubieten. Er schaut in
die desillusionierten Augen einiger Prediger aus
Jerusalem. Er sieht den zynischen Blick eines
Bankkaufmanns und die hungrigen Augen eines
Barkeepers und macht dieses [...] Versprechen.

AUS: SEIN NAME IST JESUS

16. April

Der Meisterweber

Gott, der Meisterweber, wählte die Fäden für Ihr Temperament aus, Ihre Charakterstruktur, das Garn Ihrer Persönlichkeit – alles, bevor Sie geboren wurden. Gott ließ Sie nicht vollkommen hilflos und mit leeren Händen in die Welt fallen. Sie kamen voll ausgestattet hier an. „Jeder Tag meines Lebens" – Geburts- und Todestag, schwere Tage und Tage des Siegs, alles, was Sie motiviert und was Sie erschöpft, Gott hat es in sein Buch geschrieben – und tut das auch heute noch. [...]
David formuliert es so:

„Du hast zugesehen, wie ich im Verborgenen gestaltet wurde, wie ich gebildet wurde im Dunkel des Mutterleibes. Du hast mich gesehen, bevor ich geboren war. Jeder Tag meines Lebens war in deinem Buch geschrieben. Jeder Augenblick stand fest, noch bevor der erste Tag begann"
(Psalm 139,15-16).

Aus: Ganz du selbst

17. April

Eine Millionen-Investition

Bevor „Talent" Fähigkeit bedeutete, stand es für Geld. Es stellte die größte Zahlungseinheit in der griechischen Währung dar – 10 000 Denare. […]
Die Ausstattung und die Einzigartigkeit, die Sie von Gott bekommen haben, haben im Himmel hohen Marktwert. Gott vertraute Ihnen kein 2-€-Talent oder eine 5-€-Fähigkeit an. Betrachten Sie sich als eine Millionen-Investition oder in vielen Fällen sogar als Multimillionen-Unternehmen. Gott geizt nicht, wenn er seine Gaben verteilt, sondern er gibt mehr als reichlich.

Aus: Ganz du selbst

18. April

Gott ist ewig!

„Ich war schon da, bevor Abraham auch nur geboren wurde!" (Johannes 8,58). Wenn der Pöbel Jesus noch nicht umbringen wollte, bevor er diesen Satz gesagt hatte, dann ganz bestimmt danach. Jesus behauptete, Gott, der Ewige, zu sein. Er stellte sich vor als *„der Hohe und Erhabene, der ewig wohnt"* (Jesaja 57,15; LUT). Die Bibel verkündet dies unaufhörlich. Gott ist *„seit ewigen Zeiten"* (Psalm 93,2) der *„ewige König"* (Jeremia 10,10; LUT); er ist *„unvergänglich"* (Römer 1,23) und *„nur er allein wird nie sterben"* (1. Timotheus 6,16). Himmel und Erde werden vergehen, *„doch du (Gott) bleibst für immer und ewig derselbe, deine Jahre haben kein Ende"* (Psalm 102,28).

Aus: *Es geht nicht um mich*

19. April

Er kennt es

Es ist etwas Sicheres an einem Gott, der nie Schwielen hatte. Es ist etwas Ehrfurcht Gebietendes an einem Gott, der nie Schmerzen empfand. Es ist etwas Majestätisches an einem Gott, der sich nie die Ellbogen aufschürfte.

Aber es ist auch etwas Kaltes an einem Gott, der nicht nachempfinden kann, wie Ihnen und mir zumute ist. […] Jesus versteht Sie. Wenn Sie Gott sagen, dass Sie an Ihre Grenze gestoßen sind, weiß er, wovon Sie sprechen. Wenn Sie den Kopf über unmögliche Fristen schütteln, schüttelt auch er den Kopf. Wenn Ihre Pläne von Menschen, die andere Pläne haben, umgeworfen und durchkreuzt werden, nickt er mitfühlend.

Er hat das auch erlebt. Er weiß, wie Ihnen zumute ist.

AUS: *RUHE IM STURM*

20. April

Er ist da

Gott ist
der Hirte, der Sie führt,
der Herr, der für Sie sorgt,
die Stimme, die Frieden im Sturm bringt,
der Arzt, der die Kranken heilt,
das Banner, das dem Soldaten den Weg zeigt.

Und vor allem ... er ist da.

Aus: Das Haus Gottes

21. April

Viele Stimmen

Unser Leben ist wie ein chaotischer Markt,
laut wie eine Wertpapierbörse. Erwachsene Männer
und Frauen werben marktschreierisch mit fieberhafter
Anstrengung, um alles zu bekommen, was sie
bekommen können, bevor die Zeit abläuft.
„Kauft. Verkauft. Handelt. Tauscht. Doch egal,
was ihr tut, tut es schnell – und laut." […]
Was tun wir mit den Stimmen? […] Ja, Jesus hörte die
Stimmen. Er hörte die Verlockungen. Aber er hörte
auch einen anderen. Und als Jesus ihn hörte,
suchte er ihn auf.

*„Jesus merkte, dass sie im Begriff waren,
ihn mit Gewalt aufzuhalten und zum König zu machen.
Da zog er sich wieder auf den Berg zurück und
blieb dort für sich allein"*
(JOHANNES 6,15).

AUS: *RUHE IM STURM*

22. April

Bis ans Ende der Zeit

Es gibt keinen Augenblick, in dem Jesus nicht spricht. Keinen. Es gibt keinen Ort, an dem Jesus nicht gegenwärtig ist. Keinen. Es gibt kein Zimmer, das so dunkel ist [...], kein Büro, das so technisch ausgefeilt ist, dass der allgegenwärtige, immer nachgehende, unerbittlich liebevolle Freund nicht da wäre und behutsam an die Tür unseres Herzens klopft – und darauf wartet, eingeladen zu werden. [...]

Kommen Sie nie auf den Gedanken, dass er nicht da ist, wenn wir nichts merken. Denn mitten in den vergänglichen Zusicherungen von Vergnügen steht das zeitlose Versprechen seiner Gegenwart.

„Und ich versichere euch: Ich bin immer bei euch, bis ans Ende der Zeit"
(MATTHÄUS 28,20).

AUS: *RUHE IM STURM*

23. April

Wohnung für die Seele

Wahrscheinlich haben Sie bisher wenig über eine Wohnung für Ihre Seele nachgedacht. Wir bauen klug durchdachte Häuser für unseren Körper, doch unsere Seele wird in eine baufällige Hütte verbannt, durch die der kalte Nachtwind pfeift und in die es hereinregnet. […]

Wir müssen nicht draußen wohnen. […]
Gott will nicht, dass Sie in der Kälte bleiben, sondern dass Sie zu ihm hereinkommen und bei ihm wohnen. Unter seinem Dach ist Platz. An seinem Tisch ist für Sie gedeckt. In seinem Wohnzimmer gibt es einen Sessel, der nur für Sie dort steht. Er möchte, dass Sie in seinem Haus Ihr Zuhause finden.
Warum er das möchte?

Ganz einfach, weil er Ihr Vater ist.

Aus: *Das Haus Gottes*

24. April

Mit Handtuch und Waschschüssel

„Und weil ich, der Herr und Meister, euch die Füße gewaschen habe, sollt auch ihr einander die Füße waschen. Ich habe euch ein Beispiel gegeben, dem ihr folgen sollt. Tut, was ich für euch getan habe"
(Johannes 13,14-15).

Jesus beugte oft die Knie, aber wirklich einzigartig finde ich, dass er sich vor seine Jünger hinkniete und ihnen die Füße wusch. Zur Zeit von Jesus war das Waschen der Füße nicht nur eine Arbeit, die den Dienern vorbehalten war, sondern eine Aufgabe für den geringsten Diener. […] Man erwartete von dem Diener auf der untersten Rangstufe, dass er mit Handtuch und Waschschüssel in die Knie ging. Hier ist der König des Universums derjenige mit Handtuch und Waschschüssel.

Aus: Werden wie Jesus

25. April

Warum?

Jesus war so wütend, dass er den Tempel reinigte,
so hungrig, dass er rohe Getreidekörner aß,
so aufgewühlt, dass er in der Öffentlichkeit weinte,
so lebenslustig, dass er Säufer genannt wurde,
so freundlich, dass die Kinder ihn mochten,
so müde, dass er in einem Boot mitten auf
stürmischer See schlief, […]
so radikal, dass er aus der Stadt gejagt wurde,
so verantwortungsbewusst,
dass er für seine Mutter sorgte,
so angefochten, dass er Satan aus
nächster Nähe kannte,
und so voll Furcht, dass er Blut schwitzte.
Warum? […] Damit alle wissen:

*„Da er selbst gelitten und Versuchungen erfahren hat,
kann er denen helfen, die in Versuchungen geraten"*
(Hebräer 2,18).

Aus: Sein Name ist Jesus

26. April

Sein Heim

Sie sollten Ihren Körper […] hoch schätzen. Achten Sie ihn. Ich sage nicht, dass Sie ihn anbeten sollen. Aber achten Sie ihn. Er ist schließlich der Tempel des Heiligen Geistes (siehe 1. Korinther 6,19). Seien Sie sorgsam darauf bedacht, wie Sie ihn ernähren, gebrauchen und versorgen. Sie wollen ja auch nicht, dass jemand Ihr Heim ruiniert; Gott will nicht, dass jemand seines ruiniert. Schließlich ist Ihr Körper sein Heim, oder? Etwas Sport und gesunde Ernährung zur Ehre Gottes würde den meisten von uns nicht schaden. Ihr Körper wird in irgendeiner Form ewig bestehen. Achten Sie ihn.

AUS: WENN CHRISTUS WIEDERKOMMT

27. April

Vollbracht

Stellen Sie sich die Szene vor. Der dunkle Himmel. Das Stöhnen der anderen beiden Gekreuzigten. Die johlende Menge, die auf einmal still geworden ist. […] Und dann holt Jesus ein letztes Mal tief Luft, stemmt seine Füße auf den Stütznagel unter sich und ruft: „Es ist vollbracht!"

Was war da vollbracht?

Der jahrtausendelange Erlösungsplan Gottes. Die Botschaft Gottes an uns Menschen. Das, was Jesus als Mensch auf dieser Erde getan hatte. Die Jünger, die als seine Botschafter in die Welt hinausgehen sollten, waren fertig ausgewählt und ausgebildet. Die Arbeit war fertig. Das Lied war gesungen. Das Blut war ausgegossen, das Opfer dargebracht. Der Stachel des Todes war gezogen. Es war vollbracht.

Aus: Staunen über den Erlöser

28. April

Der Herr des Universums

Wir wissen, dass er der Herr des Universums ist, deshalb können wir ruhig sein. Wichtig ist aber auch das Wissen, dass dieser Gott im Himmel beschlossen hat, sich zur Erde herunterzubeugen, um unseren Kummer zu sehen und unsere Gebete zu hören. Er schwebt nicht so hoch über uns, dass unsere Tränen ihn kaltlassen. Obwohl wir vielleicht sein angestrebtes Ziel oder seinen Plan nicht sehen können, herrscht er als Herr des Himmels über das Universum und unser Leben. Deshalb vertrauen wir ihm unsere Zukunft an. Ja, wir vertrauen ihm unser ganzes Leben an.

Aus: In Schattenzeiten Gott begegnen

29. April

Die Sprache Gottes

Es gibt keine Sprache, die Gott nicht spricht. […]
Das führt uns zu einer amüsanten Frage.
Welche Sprache spricht er mit Ihnen? Ich denke jetzt nicht an eine Mundart oder einen Dialekt, sondern an das alltägliche Drama Ihres Lebens. […]
Es gibt Zeiten, in denen er die „Sprache des Überflusses" spricht. […] Oder hören Sie den „Dialekt der Not"? Wir haben es lieber, wenn er die Sprache des Überflusses spricht, aber das tut er nicht immer. […]
Oder wie steht es mit der „Sprache des Leidens"? Das ist eine Mundart, die wir am liebsten meiden. Aber wir alle wissen, wie klar Gott auf Krankenhausfluren und an Krankenbetten spricht.

Aus: *Weil du es ihm wert bist*

30. April

Zufriedenheit

Paulus sagt: „*Wahrer Glaube und die Fähigkeit, mit wenigem zufrieden zu sein, sind tatsächlich ein großer Reichtum*" (1. Timotheus 6,6). Wenn wir Gott den hinderlichen Sack unserer Unzufriedenheit aushändigen, geben wir nicht einfach etwas her, nein, wir gewinnen etwas. Gott ersetzt diesen Sack durch ein leichtes, maßgeschneidertes, sorgenbeständiges Handköfferchen der Dankbarkeit. Was gewinnen wir durch Zufriedenheit? Vielleicht gewinnen wir unsere Ehe oder wundervolle Stunden mit unseren Kindern. Vielleicht gewinnen wir Selbstachtung oder Freude.

Aus: *Geborgen in Gottes Arm*

1. Mai

Ein Gebet für Leidenszeiten

Lieber Herr,
wir sind traurig, Vater. Und so kommen wir zu dir. Wir bitten dich nicht um Hilfe, wir betteln um Hilfe. Wir äußern kein Anliegen, nein, wir flehen dich an. Wir wissen, was du tun kannst.
Erinnerst du dich an Josef? Du hast ihn aus dem Loch herausgeholt. Das kannst du auch für uns tun. Tu es noch einmal, Herr. Erinnerst du dich an die Hebräer in Ägypten? Du hast ihre Kinder vor dem Todesengel beschützt. Auch wir haben Kinder, Herr.
Tu es noch einmal.
Und Sara? Erinnerst du dich an ihre Gebete?
Du hast sie erhört. Und Josua? Kannst du dich an seine Ängste erinnern? […] Tu es durch Jesus Christus.
Amen.

Aus: In Schattenzeiten Gott begegnen

2. Mai

Die Freundlichen und Bescheidenen

Jesus sagte:
„*Gott segnet die Freundlichen und Bescheidenen*"
(MATTHÄUS 5,5).

Der Ausdruck „freundlich und bescheiden" bedeutet nicht „schwach". Er bedeutet „zielgerichtet". Im Urtext steht ein Wort, das benutzt wird, um einen gezähmten Hengst zu beschreiben. Kraft unter Kontrolle. Stärke mit einer Richtung.
Gott segnet die, die für ihn bereit sind. Gott segnet die Menschen, die die Verantwortungen anerkennen, die Gott ihnen gegeben hat. Gott segnet die Menschen, die bejahen, dass es nur einen Gott gibt, und die nicht mehr ihr eigener Gott sein wollen. Gott segnet die Menschen, die wissen, weshalb sie auf der Erde sind, und sich daran machen,
dieses Wissen in die Tat umzusetzen.

AUS: *RUHE IM STURM*

3. Mai

Herrlich und ausgezeichnet gemacht

Welche Antwort würden Sie bei den folgenden Möglichkeiten auswählen?

Ich bin
___ ein zufälliger Zusammenstoß von Partikeln.
___ eine unwillkürliche Ansammlung von Zellen.
___ ein seelenloses Strandgut im Universum.
___ *„herrlich und ausgezeichnet gemacht"* und *„kunstvoll gewirkt"* (Psalm 139,14-15).

Machen Sie Ihr Leben nicht farblos, indem Sie das aus dem Blickfeld verlieren: Sie sind mehr als ein statistischer Zufall, mehr als eine Verschmelzung von Erbgut und gesellschaftlicher Prägung, mehr als eine Ansammlung ererbter Gene und Kindheitsverletzungen. Mehr als eine wandelnde Wetterfahne, die von den Winden des Schicksals gebeutelt wird. Gott hat Sie *„im Verborgenen gestaltet"* (Vers 15), aus dem Nichts hat er Sie hervorgebracht.

Aus: *Ganz du selbst*

4. Mai

Nur nicht aufgeben!

Möchten Sie gerade am liebsten aufgeben? Tun Sie es nicht. Möchten Sie als Vater oder Mutter das Handtuch werfen? Halten Sie es fest. Sind Sie es leid, Gutes zu tun? Tun Sie noch ein bisschen mehr. Möchten Sie Ihre Arbeit aufgeben? Krempeln Sie die Ärmel hoch und machen Sie weiter. […]

Das Land der Verheißung, sagt Jesus, wartet auf all die, die durchhalten (vgl. Matthäus 10,22). Es ist nicht nur für die da, die die Ehrenrunde fahren oder den Siegerchampagner trinken. Nein, das verheißene Land ist für alle da, die bis zum Ende weitergemacht haben.

Geben wir nicht auf.

Aus: Staunen über den Erlöser

5. Mai

So, wie wir sind

Gott liebt Sie so, wie Sie sind, aber er will Sie nicht so lassen, wie Sie sind. Er will, dass Sie werden wie Jesus. Gott liebt Sie so, wie Sie sind. Wenn Sie meinen, er würde Sie mehr lieben, wenn Ihr Glaube stärker wäre, dann irren Sie sich. Wenn Sie meinen, seine Liebe wäre tiefer, wenn Ihre Gedanken tiefgründiger wären, irren Sie sich ebenfalls. Verwechseln Sie Gottes Liebe nicht mit der menschlichen Liebe. Die Liebe von Menschen wird oft je nach Leistung größer und verringert sich bei Fehlern – Gottes Liebe nicht. Er liebt Sie in Ihrer derzeitigen Verfassung.

AUS: WERDEN WIE JESUS

6. Mai

Mehr vom Heiligen Geist

Die eigentliche Frage lautet nicht:
„Wie bekomme ich mehr vom Heiligen Geist?",
sondern: „Wie kannst du, Heiliger Geist, mehr von mir bekommen?" Auf diese Frage erwarten wir eine Antwort, die sich mit dem Werk Mutter Teresas messen kann: ein Waisenhaus bauen. Das dritte Buch Mose auswendig lernen. Leprakranke baden.
Ein Dutzend Bücher von Lucado lesen und dabei wach bleiben. Wir denken: Wenn wir das tun, werden wir vom Heiligen Geist erfüllt.
„Wenn du nur das tust, wirst du müde",
berichtigt uns Gott. Wünschen Sie sich Gottes Geist?
Dann müssen Sie um ihn bitten.

Aus: Durst

7. Mai

Gott ist für uns!

Wiederholen Sie den Satz viermal, und betonen Sie jedes Wort. (Bitte, Sie haben es doch nicht so eilig.)

Gott ist für uns.

Gott *ist* für uns.

Gott ist *für* uns.

Gott ist für *uns.*

Gott ist für Sie. Ihre Eltern haben Sie vielleicht vergessen, Ihre Lehrer vernachlässigt und Ihre Geschwister schämen sich Ihrer; doch mit Ihren Gebeten können Sie den Schöpfer der Ozeane erreichen. Gott!

Aus: In Schattenzeiten Gott begegnen

8. Mai

Alles, was wir wollen?

Sie können alles werden, was Sie wollen,
Sie müssen nur hart genug dafür arbeiten.
Aber stimmt das wirklich? Wenn Gott Ihnen nicht den
Blick für Fleisch gegeben hat, den ein Metzger braucht,
oder die Geschicklichkeit im Umgang mit Leuten, die
einen Verkäufer ausmacht, oder die weltweite
Vision eines Botschafters, können Sie das dann
werden? Vielleicht, aber glücklich und zufrieden
werden Sie auf diese Weise nicht. Kann aus einer
Eichel eine Rose werden, kann ein Wal fliegen wie ein
Vogel, kann Blei sich in Gold verwandeln?
Ganz bestimmt nicht.
Sie können nicht alles werden, was Sie wollen.
Aber Sie können alles werden, was Gott aus Ihnen
machen möchte.

Aus: Ganz du selbst

9. Mai

In Christus

Wenn jemand ein Nachfolger Jesu wird,
wenn Sünden bekannt und die Gnade Jesu
angenommen wird, geschieht ein herrliches Wunder mit
der Seele. Diese Person ist dann „in" Christus.
Der Apostel Paulus bezeichnete sich selbst als
„Menschen in Christus" (2. KORINTHER 12,2). Wenn er
von seinen Kollegen spricht, nennt er sie *„Mitarbeiter
in Christus Jesus"* (RÖMER 16,3). Die größte Verheißung
gilt nicht den Reichen oder Gebildeten, sondern denen,
die „in Christus" sind. *„So gibt es nun keine Verdammnis für die, die in Christus Jesus sind"* (RÖMER 8,1; LUT).
Johannes fordert uns auf:

*„Bleibt in ihm, damit wir, wenn er offenbart wird,
Zuversicht haben und nicht zuschanden werden
vor ihm, wenn er kommt"*
(1. JOHANNES 2,28; LUT).

AUS: WENN CHRISTUS WIEDERKOMMT

10. Mai

Ein flüchtiger Moment

Unser irdisches Leben ist nur ein Moment. Gott sieht die Geschichte nicht als eine Aufeinanderfolge von Jahrhunderten, wie wir es tun, sondern als ein einziges Foto. Er sieht Ihr und mein ganzes Leben mit einem einzigen Blick. Er sieht Ihre Geburt und Ihre Beerdigung gleichzeitig. Genauso lernen Sie und ich mit Gottes Hilfe „die Sprache" der Ewigkeit. Gott bringt uns diese Sprache bei. *„Auch hat er die Ewigkeit in ihr Herz gelegt"* (PREDIGER 3,11; LUT). Tief in uns allen liegt die Ahnung, dass wir für ewig geschaffen sind, und eine Hoffnung, dass diese Ahnung wahr sein möge.

AUS: ES GEHT NICHT UM MICH

11. Mai

Zur Ruhe kommen

Damit Schafe schlafen können, muss alles genau stimmen. Es darf keine Raubtiere geben. Keine Spannungen in der Herde. Keine Insekten in der Luft. Kein Hungergefühl im Bauch. Es muss alles seine Ordnung haben. Unglücklicherweise sind Schafe nicht in der Lage, allein eine sichere Weide zu finden, Insektizide zu versprühen, mit Spannungen umzugehen oder Nahrung zu finden. Sie brauchen Hilfe. Sie brauchen einen Hirten, der sie „führt" und der ihnen hilft, „auf grünen Auen zu weiden". Ohne einen Hirten können sie nicht zur Ruhe kommen. Auch wir können ohne einen Hirten nicht zur Ruhe kommen.

AUS: *GEBORGEN IN GOTTES ARM*

12. Mai

Gottes größter Evangelist

„Die Natur", schrieb Jonathan Edwards einmal, „ist Gottes größter Evangelist." […]
Und David singt, dass das Gesetz Gottes die Unverständigen weise macht (Psalm 19,8).

Das Gesetz Gottes. Oder das Zeugnis Gottes, wie man es auch ausdrücken könnte. Wann haben Sie es das letzte Mal erlebt, wie Gott sich Ihnen bezeugte? Vielleicht während eines langen Spaziergangs durch das kniehohe Gras einer Wiese. Oder am Strand, als Sie den Möwen zugehört oder die Muscheln betrachtet haben. Oder an einem frischen Wintermorgen, als die Sonne den Schnee in Diamanten verwandelte. Um uns herum geschehen täglich Wunder, die es an Größe fast mit dem leeren Grab aufnehmen können; wir müssen sie nur wahrnehmen.

Aus: Staunen über den Erlöser

13. Mai

Wir haben die Wahl!

Zu jeder Zeit, auf jeder Seite der Heiligen Schrift entdecken wir diese Tatsache: Gott lässt uns die Wahl. Und niemand macht das deutlicher als Jesus.

Ihm zufolge haben wir die Wahl zwischen: einer engen Pforte und einer weiten Pforte (MATTHÄUS 7,13-14), einem schmalen Weg und einem breiten Weg (MATTHÄUS 7,13-14), der großen Menge oder einigen wenigen (MATTHÄUS 7,13-14).

Wir können wählen: ob wir auf Fels oder auf Sand bauen (MATTHÄUS 7,24-27), ob wir Gott oder dem Mammon dienen (MATTHÄUS 6,24), ob wir zu den Schafen oder zu den Böcken gehören (MATTHÄUS 25,32-33).

AUS: WEIL DU ES IHM WERT BIST

14. Mai

Die Reichweite seiner Liebe

Als Christus gebeten wurde,
die Reichweite seiner Liebe zu beschreiben,
streckte er eine Hand nach rechts
und die andere Hand nach links aus, und er ließ sie
dann in dieser Stellung festnageln,
damit Sie wissen, dass er Sie liebte, als er starb.
Im Sterben liebte er Sie.

Aus: Sein Name ist Jesus

15. Mai

Ein Ort des Friedens

Ihre Wohnung ist Ihnen vertraut. Niemand braucht Ihnen zu sagen, wo Ihr Schlafzimmer liegt, niemand muss Ihnen den Weg zur Küche zeigen. Nach den Mühen des Tages finden Sie es beruhigend, an einen Ort zu kommen, den Sie kennen. Gott kann Ihnen ebenso vertraut sein. Mit der Zeit werden Sie lernen, wohin Sie sich wenden können, wenn Sie Nahrung, Schutz oder Führung brauchen. Wie Ihr irdisches Haus eine Zufluchtsstätte ist, so ist Gottes Haus ein Ort des Friedens. Gottes Haus wurde noch nie geplündert, seine Mauern wurden noch nie eingerissen.

AUS: DAS HAUS GOTTES

16. Mai

Ein Lächeln auf Gottes Gesicht

Sie können etwas, was sonst keiner kann, und zwar auf eine Art und Weise, wie es sonst keiner kann. Ihre Einzigartigkeit zu entdecken und zu entfalten ist spannend für Sie, ehrt Gott und baut sein Königreich auf. Darum gilt:

„Jeder achte genau auf sein eigenes Leben und Handeln, ohne sich mit anderen zu vergleichen"
(GALATER 6,4).

Entdecken Sie Ihre Talente und setzen Sie sie ein! Wenn Sie die meiste Zeit auf das verwenden, was Sie am Besten können, zaubern Sie ein Lächeln auf Gottes Gesicht. Was könnte es Besseres geben?

AUS: GANZ DU SELBST

17. Mai

Eine gute Idee

Gott hat Sie *„geschaffen und gebildet"* (Jesaja 44,2).
Gott legte jedes Detail an Ihnen fest.

*„Wer hat den Menschen einen Mund gegeben? (…)
Wer macht die Menschen stumm oder taub,
sehend oder blind? Ich bin es, der Herr!"*
(2. Mose 4,11).

In einem Augenblick, bevor die Augenblicke
existierten, beschloss der allmächtige Schöpfer:
„Ich will _____ erschaffen." Schreiben Sie Ihren
Namen in das leere Feld. Dann fuhr er fort: „Und ich
will ihm/ihr diese Eigenschaften mitgeben: _____,
und _____, _____ und _____." Füllen Sie die
leeren Felder mit Ihren Eigenschaften: Einfühlsamkeit.
Klugheit. Ein Blick für Details. Ruhelosigkeit. Und da
Sie Gottes Idee sind, sind Sie eine gute Idee.

Aus: Ganz du selbst

18. Mai

Wie lange noch?

„Wie lange muss ich diese Krankheit noch ertragen?"
„Wie lange muss ich diesen Ehepartner
noch ertragen?"
„Wie lange muss ich mich mit diesem
Gehalt abfinden?"

Wollen Sie wirklich, dass Gott antwortet?
Er könnte es nämlich. Er könnte in Begriffen des Hier
und Jetzt antworten, mit den Zeitangaben,
die wir kennen. „Noch zwei Jahre Krankheit."
„Den Rest deines Lebens in dieser Ehe."
„Noch zehn Jahre lang Schulden."
Doch das tut er selten. Meistens beschließt er, das *Hier
und Jetzt* gegen das *Dann und Dort* abzuwägen.
Und wenn man dieses Leben mit jenem Leben vergleicht, ist dieses Leben nicht lang.

*„Unser Leben auf Erden ist wie ein Schatten
und bleibet nicht"*
(1. Chronik 29,15; LUT).

Aus: *Ruhe im Sturm*

19. Mai

Wirklich geliebt?

Hätten Sie gerne eine Bestätigung?

Halten Sie einfach am Fuß des Kreuzes inne
und rufen Sie sich Folgendes ins Gedächtnis:

Der Schöpfer der Sterne
wollte lieber für Sie sterben,
als ohne Sie leben.
Es ist tatsächlich so.

Aus: Sein Name ist Jesus

Die Weggabelung

Das Kreuz ist die große Wasserscheide, die Weggabelung, der Punkt der Entscheidung. Und entscheiden müssen wir uns. Links oder rechts, ja oder nein. Wir können alles Mögliche mit dem Kreuz machen. Wir können seine Geschichte studieren. Wir können seine Theologie studieren. Wir können über seine Prophezeiungen nachdenken. Das eine, das wir nicht machen können, ist, es zur Kenntnis zu nehmen und neutral zu bleiben. Gegenüber dem Kreuz kann man nicht neutral bleiben, das lässt sein absurder Glanz nicht zu. Neutral bleiben – das ist der eine Luxus, den Gott uns in seiner ungeheuren Gnade nicht erlaubt.

Wie haben Sie sich entschieden?
Auf welcher Seite stehen Sie?

Aus: *Staunen über den Erlöser*

21. Mai

Klein und unbedeutend?

Manchmal kommt uns die Geschichte von Jesus sehr klein und unbedeutend vor. Und deshalb säen wir den Samen nicht aus. Kann die Sonntagsschulgeschichte von Jesus es mit dem aufnehmen, was an Eliteuniversitäten gelehrt wird? Können Begriffe wie „Sünde", „Rettung" und „Erlösung" in diesen intellektuellen Zeiten des Humanismus und Relativismus noch eine Rolle spielen? Offensichtlich können sie es. Wo sind die Römer, die Christus kreuzigten? Die Epikuräer, die Paulus heruntermachten und angriffen? Die Gnostiker, die die frühe Kirche belächelten? Wo sind die großen Tempel von Korinth? Sie überragten die junge Gemeinde.
Gibt es noch immer Menschen,
die Zeus anbeten und ihm opfern?
Nein, aber es gibt immer noch Menschen,
die für Jesus singen.

Aus: *Ganz du selbst*

22. Mai

Nur eine Seite

Die Missgeschicke und Schrecken des Lebens sind nur eine Seite eines umfangreichen Buches. Wir dürfen nicht vorschnell Schlüsse ziehen. Wir müssen das Urteil über die Stürme des Lebens zurückstellen, bis wir die ganze Geschichte kennen. […]
Der Zimmermann aus Galiläa drückte
es meisterhaft so aus:

*„Deshalb sorgt euch nicht um morgen,
denn jeder Tag bringt seine eigenen Belastungen.
Die Sorgen von heute sind für heute genug"*
(Matthäus 6,34).

Er muss es wissen.
Er ist der Verfasser unserer Geschichte. Und er hat bereits das letzte Kapitel geschrieben.

Aus: *Ruhe im Sturm*

23. Mai

Vergeben

„Vergesst nicht, dass der Herr euch vergeben hat und dass ihr deshalb auch anderen vergeben müsst"
(Kolosser 3,13).

Oh, das könnte ich nie, werfen Sie ein. Die Verletzung ist so tief. Es sind so viele Wunden. Ich zucke schon zusammen, wenn ich diesen Menschen nur sehe. Vielleicht ist das Ihr Problem. Vielleicht blicken Sie auf die falsche Person oder zumindest zu oft auf die falsche Person. Denken Sie daran, dass das Geheimnis, so zu sein wie Jesus, im „Aufsehen zu Jesus" liegt. Versuchen Sie, Ihren Blick weg von dem zu lenken, der Sie verletzt hat, und Ihre Augen auf den zu richten, der Sie erlöst hat.

Aus: Werden wie Jesus

24. Mai

Eine Schiffsreise

Betrachten Sie das Leben wie eine Reise auf einem Schiff. Freuen Sie sich an der Aussicht. Erforschen Sie das Boot. Schließen Sie Freundschaft mit dem Kapitän. Angeln Sie ein bisschen. Und gehen Sie von Bord, wenn Sie zu Hause angekommen sind.

AUS: *RUHE IM STURM*

Ein paar Weisheiten

- Lieben Sie Gott mehr, als Sie die Hölle fürchten.
- Gehen Sie einmal in der Woche mit einem Kind spazieren. […]
- Wenn Sie unbeobachtet sind, dann leben Sie so, als würden Sie von jemandem beobachtet. […]
- Geben Sie das Geld von morgen nicht schon heute aus.
- Nehmen Sie sich fürs Gebet doppelt so viel Zeit wie fürs Sorgen.
- Hören Sie doppelt so viel zu, wie Sie reden.
- Hegen Sie nur Groll, wenn Gott das auch tut.
- Achten Sie darauf, dass Sie Ihre Freude an Sonnenuntergängen nie verlieren.

Aus: Ruhe im Sturm

26. Mai

Die goldene Mitte

Wählen Sie die goldene Mitte. Haargenau zwischen „Ich kann alles" und „Ich kann nichts" liegt *„Alles ist mir möglich durch Christus, der mir die Kraft gibt, die ich brauche"* (PHILIPPER 4,13). Was ist der Hauptgrund dafür, Gott zu loben? Dass er es verdient!

Wir sind weder allmächtig noch unfähig. Weder Gottes Wunderwaffe noch Gottes Missgeschick. Weder selbstsicher noch unsicher, sondern Gott-sicher – unser Selbstwert gründet sich auf unserer Identität als Kinder Gottes. Die richtige Einschätzung unserer Selbst liegt in der Mitte.

AUS: GANZ DU SELBST

27. Mai

Tag der Belohnung

Eines wissen wir zumindest ganz sicher über das kommende Leben: Der Tag, an dem Jesus wiederkommt, ist ein Tag der Belohnung. Diejenigen, die auf Erden unbekannt blieben, werden im Himmel bekannt werden. Diejenigen, die nie von Menschen bejubelt wurden, werden von den Engeln bejubelt. Diejenigen, die nie lobende Worte von ihrem Vater gehört haben, werden von ihrem himmlischen Vater gelobt.

Die Kleinen werden groß sein. Die Vergessenen werden in Erinnerung gebracht. Die Unbeachteten werden gekrönt und die Gläubigen geehrt.

AUS: WENN CHRISTUS WIEDERKOMMT

28. Mai

Schluss mit den Sorgen!

Jetzt einmal ehrlich. Hat Gott uns gerettet,
damit wir uns Sorgen machen?
Würde er uns das Laufen beibringen, nur um
zuzuschauen, wie wir fallen? Würde er sich für
unsere Sünden ans Kreuz nageln lassen und dann
unsere Gebete nicht beachten? Nun mal ehrlich. Hält
uns die Bibel zum Besten, wenn sie sagt:

*„Denn er befiehlt seinen Engeln,
dich zu beschützen, wo immer du gehst."*
(PSALM 91,11)?

Das glaube ich nicht. Gott hat nicht einmal seinen
eigenen Sohn verschont, sondern hat ihn für uns alle
gegeben. Und wenn Gott uns Christus gibt, wird er uns
mit ihm dann nicht auch alles andere schenken (siehe
Römer 8,32)?

AUS: IN SCHATTENZEITEN GOTT BEGEGNEN

29. Mai

Dem Vater vertrauen

Zu bekennen, dass Gott der Herr ist, bedeutet, anzuerkennen, dass er im Universum der Herrscher und der Höchste ist. Ihn als Erlöser zu akzeptieren, heißt, sein Geschenk der Erlösung, das er uns am Kreuz anbietet, anzunehmen. Ihn als Vater zu betrachten, geht noch einen Schritt weiter. Idealerweise ist ein Vater derjenige im Leben, der versorgt und beschützt. Das ist genau das, was Gott tut. Gott hat sich als treuer Vater erwiesen. Nun ist die Reihe an uns, Kinder zu sein, die ihm vertrauen.

Aus: *Geborgen in Gottes Arm*

30. Mai

In Jesus bleiben

In der Liebe von Jesus bleiben bedeutet, seine Liebe zu unserem Zuhause zu machen. Nicht zu einem Park neben der Straße oder zu einem Hotelzimmer, in das wir gelegentlich gehen, sondern zu unserem bevorzugten Aufenthaltsort. Wir ruhen in ihm aus und essen in ihm. Wenn der Donner grollt, treten wir unter sein Dach. Seine Wände schützen uns vor Stürmen. Sein Kamin wärmt uns in den Wintern des Lebens. [...] Wir nehmen unseren ständigen Wohnsitz in einem Leben der Liebe. Wir verlassen das alte Haus falscher Liebe und ziehen in sein Haus echter Liebe. Es dauert eine gewisse Zeit, bis wir uns an dieses neue Zuhause gewöhnt haben. [...] Aus diesem Grund müssen Sie in ihm bleiben.

Aus: Durst

31. Mai

Noch mehr Weisheiten

- Lieber zu großzügig als zu kleinlich sein.
- Gott hat Ihnen vergeben; Sie sollten das Gleiche tun.
- Wenn Sie Gottes Hand nicht erkennen können, dann vertrauen Sie seinem Herzen.
- Eigenlob stinkt.
- Bekommen Sie wegen Gottes Güte kein schlechtes Gewissen.
- Das Buch des Lebens wird in Kapiteln gelebt; Sie sollten also Ihre Seitennummer kennen.
- Lassen Sie nie zu, dass Wichtiges einer unbedeutenden Sache geopfert wird.
- Leben Sie Ihre persönliche Lebensmelodie.

Aus: Ruhe im Sturm

1. Juni

Von den Schwestern Stolz und Scham

Stolz und Scham. Man würde nie denken, dass sie Schwestern sind. Sie sehen einander gar nicht ähnlich. Stolz schwellt die Brust. Scham lässt den Kopf hängen. Stolz gibt an. Scham versteckt sich. Stolz will gesehen werden. Scham will sich verschanzen.

Aber täuschen Sie sich nicht, diese Gefühle haben denselben Ursprung. Und sie haben dieselbe Wirkung.
Sie halten Sie von Ihrem Vater fern.
Der Stolz sagt: „Du bist zu gut für ihn."
Die Scham sagt: „Du bist zu schlecht für ihn."
Der Stolz treibt Sie fort, die Scham hält Sie fort.
Wenn Stolz vor dem Fall kommt,
dann ist Scham das, was Sie daran hindert,
nach dem Fall wieder aufzustehen.

Aus: Weil du es ihm wert bist

2. Juni

Ein Freund, ein guter Freund

Was ich an Johannes am meisten mag, ist die Art, wie er Jesus liebte. Auch seine Beziehung zu Jesus war eigentlich ganz einfach. Für Johannes war Jesus ein guter Freund mit einem guten Herzen und einer guten Idee. […] Der Messias? O ja. Gottes Sohn? Jawohl! Ein Wundertäter? Auch das. Aber mehr als all dies war Jesus für Johannes ein Freund. Jemand, mit dem man Zelten oder Kegeln gehen oder die Sterne zählen konnte. So einfach. Für Johannes war Jesus kein Handbuch für Gesellschafts- und Weltverbesserer, auch kein Freibrief dafür, Abtreibungskliniken in die Luft zu jagen oder in die Wüste zu ziehen.
Jesus war ein Freund.
Und was macht man mit einem Freund?
Nun, auch das ist einfach: Man hält zu ihm.

Aus: *Staunen über den Erlöser*

3. Juni

Es geht nur um ihn

König David verkündigte:
*„Reichtum und Ehre kommt von dir,
du herrschest über alles. In deiner Hand steht Kraft
und Macht, in deiner Hand steht es, jedermann
groß und stark zu machen"*
(1. Chronik 29,12; LUT).

Warum sind Sie gut in dem, was Sie tun? Und wofür? Zu Ihrem Wohlbefinden? Für Ihre Rente? Für Ihr Selbstwertgefühl? Nein. Schätzen Sie dies alles als Sonderzulagen, aber halten Sie es nicht für Ihre Gründe oder gar für den Grund Ihres Erfolges. Warum sind Sie gut in dem, was Sie tun? Um Gottes willen. Bei Ihrem Erfolg geht es nicht um das, was Sie tun. Es geht alles um Gott – um seine jetzige und seine künftige Ehre.

Aus: *Es geht nicht um mich*

4. Juni

Gott führt

Gott steht nicht hinter mir und brüllt: *„Geh!"*
Er ist vor mir und bittet: *„Komm."* Er geht voraus und räumt Hindernisse weg, schneidet die Büsche, zeigt den Weg. Vor der Wegbiegung sagt er: *„Wende dich dorthin."* Vor dem Anstieg winkt er: *„Steig hier hinauf."* In der Nähe der Felsen warnt er: *„Pass hier auf, wo du hintrittst."* Er führt uns. Er sagt uns, was wir wissen müssen, zu dem Zeitpunkt, an dem wir es wissen müssen. Gott führt uns. Gott wird zur richtigen Zeit das Richtige tun.
Und das macht für uns einen großen Unterschied.

Aus: *Geborgen in Gottes Arm*

5. Juni

Gott sieht

Da er nicht an die Zeit gebunden ist, sieht er uns alle.
Er sieht uns, vom kleinsten Hof im Bayerischen Wald
bis zu den Geschäftsmetropolen Londons oder New
Yorks; von den Wikingern bis zu den Astronauten,
von den Höhlenbewohnern bis zu den Königen.
Er sieht die Menschen, die ihr Leben ohne ihn führen,
er sieht die Menschen, die selbstgerecht andere verurteilen, und diejenigen, die glauben, dass sie sich durch
eigene Leistungen das ewige Leben verdienen können.
Gott hat uns Vagabunden und zerlumpte Gestalten alle
schon gesehen, bevor wir geboren wurden.
Und er liebt, was er sieht.

AUS: *IN SCHATTENZEITEN GOTT BEGEGNEN*

6. Juni

Seine Güte und Barmherzigkeit

Wagen wir es, uns einen Gott vorzustellen, der uns nachgeht? Der uns mit „Güte und Barmherzigkeit" an jedem Tag unseres Lebens nachgeht? Die Jünger von Jesus kannten das Gefühl, dass Gott ihnen nachgeht. Sie waren vom Regen durchnässt und froren, und als sie sich umschauten, sahen sie, wie Jesus auf sie zukam. Gott war ihnen im Sturm nachgegangen. […] Gott ist der Gott, der uns nachgeht. […] Er geht uns nach, ob wir es spüren oder nicht. Dabei zwingt er uns zu nichts, aber er verlässt uns auch nicht. Geduldig und treu bleibt er da. Dabei setzt er all seine Macht ein, um uns davon zu überzeugen, dass er der ist, der er ist, und dass wir uns darauf verlassen können, dass er uns nach Hause führt.

Aus: Sein Name ist Jesus

7. Juni

Große Glaubensschritte

Große Glaubensschritte entstehen selten
aus ruhiger Berechnung heraus.
Nicht die Logik hat Mose veranlasst,
seinen Stab über das Rote Meer zu halten. […]
Es war kein zuversichtliches Komitee, das in einem
kleinen Zimmer in Jerusalem betete, dass Petrus aus
dem Gefängnis entlassen wird. Es war ein verängstigter, verzweifelter Haufen in die Ecke getriebener Christen. Es war eine Gemeinde, die keine andere Wahl
hatte. Eine Versammlung von Habenichtsen,
die um Hilfe bettelte.
Aber sie waren nie stärker als in diesem Augenblick.
Oft liegt ein Samenkorn der Angst
am Beginn eines Glaubensschrittes.

AUS: *RUHE IM STURM*

8. Juni

Der christliche Glaube besteht weiter

Die Überzeugung des französischen Philosophen Voltaire: Die Bibel und der christliche Glaube werden in hundert Jahren verschwunden sein.
Voltaire starb 1778.
Der christliche Glaube besteht weiter.

Die Aussage Friedrich Nietzsches 1882: „Gott ist tot."
Er glaubte, dass der Fortschritt der Wissenschaft das Ende des Glaubens bedeuten würde.
Die Wissenschaft machte Fortschritte.
Der christliche Glaube besteht weiter.

Die Definition der Bibel im kommunistischen Wörterbuch: „Eine Sammlung absurder Legenden ohne jegliche wissenschaftliche Grundlage."
Der Kommunismus verliert an Einfluss.
Der christliche Glaube besteht weiter.

Aus: Sein Name ist Jesus

Gottmensch

Jesus war weder ein gottähnlicher Mensch, noch ein menschenähnlicher Gott. Er war Gottmensch. [...] Und weil er das war, kratzen wir uns am Kopf, blinzeln verwundert und wissen nicht, wie wir die folgenden Begebenheiten einordnen können:
Bordeaux anstelle von H_2O.
Ein Gelähmter, der den Volkstanz anführte.
Ein Lunchpaket, mit dem fünftausend knurrende Mägen gesättigt wurden.
Und vor allem: ein Grab, von Soldaten bewacht, mit einem Felsblock versiegelt, aus dem ein seit drei Tagen toter Mann herausstieg. [...]
Wie gehen wir mit einer solchen Person um?
Wir loben Menschen, wenn sie etwas Gutes tun.
Wir verehren Gott, weil er große Dinge tut.
Doch wie gehen wir mit einem Menschen um, der Gottes Dinge tut?
Eines steht fest: Wir können ihn nicht ignorieren.

AUS: SEIN NAME IST JESUS

10. Juni

Maßgeschneidert

Nachdem Sie fertig waren, hat Gott den Konstruktionsplan für Sie zerrissen.

*„Der HERR schaut vom Himmel herab
und sieht alle Menschen, von seinem Thron aus
sieht er jeden einzelnen. Er hat ihre Herzen gemacht und
weiß um alles, was sie tun"*
(PSALM 33,13-15).

Jedes einzelne Baby ist ein brandneuer Gedanke Gottes. Sie sind einzigartig. Suchen Sie eine Kopie von sich in der Geschichte der Menschheit, und Sie werden keine finden. Gott hat Sie maßgeschneidert. Er hat uns alle *„gebildet und erschaffen"* (JESAJA 43,7).

AUS: GANZ DU SELBST

11. Juni

Sprung aus dem Boot

In einer Stunde tiefer Not kommen wir zu Jesus.
Wir geben das Boot der guten Werke auf.
Wie Mose erkennen wir, dass uns menschliche Kraft nicht retten kann. Also schauen wir in unserer Verzweiflung auf Gott. Wie Paulus erkennen wir, dass alle guten Werke der Welt unbedeutend sind […].
Wie Petrus erkennen wir, dass wir die Entfernung, die zwischen uns und Jesus liegt, mit unseren Füßen nicht bewältigen können. Also bitten wir um Hilfe. Wir hören seine Stimme. Und wir treten voll Angst heraus, in der Hoffnung,
dass unser kleiner Glaube genug ist. […]
Glaube ist der verzweifelte Sprung aus dem sinkenden Boot menschlicher Anstrengungen und ein Gebet, dass Gott kommt, um uns aus dem Wasser zu ziehen.

Aus: Ruhe im Sturm

Danke sagen

Anbetung ist das „Danke", das nicht zum Schweigen gebracht werden kann.
Wir haben versucht, aus Anbetung eine Wissenschaft zu machen. Das ist unmöglich. Man kann es genauso wenig, wie man „Liebe verkaufen" oder „Frieden aushandeln" kann.
Anbetung ist ein freiwilliger Akt der Dankbarkeit des Geretteten dem Retter, des Geheilten dem Heiler und des Erlösten dem Erlöser gegenüber. Wenn Sie und ich tagelang nicht das Bedürfnis verspüren, dem Einen, der uns gerettet, geheilt und erlöst hat, „Danke" zu sagen, dann sollten wir uns daran erinnern, was er getan hat.

AUS: *RUHE IM STURM*

13. Juni

Wunder im Bademantel

Gottes Gerechtigkeit ist Ihre Gerechtigkeit.
Sie sind absolut vollkommen. Makellos.
Ohne Mängel und ohne Fehler. Unbefleckt. Konkurrenzlos. Unverdorben. Einzigartig. Rein.
Unverdiente, uneingeschränkte Vollkommenheit.
Kein Wunder, dass der Himmel Beifall klatscht, wenn Sie aufwachen. Ein Meisterwerk ist aufgestanden.
„Pst", flüstern die Sterne.
„Wie großartig dieses Kind ist."
„Oh", hauchen die Engel.
„Was für ein Wunderwerk Gott geschaffen hat!"
Während Sie also stöhnen, ist die Ewigkeit fast sprachlos vor Staunen. Während Sie stolpern, sind die Engel hingerissen. Was Sie im Spiegel als morgendliche Katastrophe sehen, ist in Wirklichkeit ein morgendliches Wunder. Heiligkeit im Bademantel.

Aus: Ruhe im Sturm

14. Juni

Wegen der Sünde ...

Wegen der Sünde werden junge Menschen misshandelt und alte Menschen vergessen. Wegen der Sünde wird Gott gelästert und Drogen werden hochgeschätzt. Wegen der Sünde bekommen die Armen immer weniger und die Wohlhabenden wollen immer mehr. Wegen der Sünde haben Babys keine Väter und werden Männer von ihren Frauen verlassen. Doch im Himmel wird die Sünde keine Macht haben; in der Tat, es wird dort gar keine Sünde geben. Die Sünde ist die Ursache für zahlloses Herzeleid; Millionen Versprechen wurden wegen ihr gebrochen. Ihre Sucht kann auf die Sünde zurückgeführt werden. Ihr Argwohn kann auf die Sünde zurückgeführt werden. Fanatismus, Raub, Ehebruch – all das geschieht infolge von Sünde. Doch im Himmel wird das alles ein Ende haben.

Aus: Wenn Christus wiederkommt

15. Juni

Ein besseres Angebot

Gott hält uns über den Wasserbrunnen.
„Spuck den Dreck aus", bittet unser Vater eindringlich.
„Ich habe etwas Besseres für dich." Und so reinigt er
uns vom Schmutz: von Unsittlichkeit, Unehrlichkeit,
von Vorurteilen, Bitterkeit, Habsucht.
Am Reinigungsvorgang finden wir kaum Gefallen;
manchmal entscheiden wir uns sogar für
den Dreck […].
„Ich kann Dreck essen, wenn ich will!", verkünden wir
aufmüpfig. Das stimmt. Aber wir schneiden uns dabei
ins eigene Fleisch. Gott hat ein besseres Angebot.
Er will, dass wir so werden wie Jesus.

Aus: Werden wie Jesus

16. Juni

Ein vollkommen reines Kleid

Jesus schenkt ein Kleid von nahtloser Reinheit und zieht sich meinen aus Stolz, Habsucht und Selbstsucht zusammengeflickten Mantel über. Er hat mit uns den Platz getauscht (siehe Galater 3,13). Er trug unsere Sünde, damit wir seine Gerechtigkeit tragen können. Obwohl wir in Sünden bekleidet zum Kreuz kommen, verlassen wir das Kreuz mit dem
„Panzer der Gerechtigkeit" (JESAJA 59,17; LUT) und gegürtet mit dem Gurt *„der Treue"* (JESAJA 11,5; LUT) und angezogen mit den *„Kleidern des Heils"*
(JESAJA 61,10; LUT).

Tatsächlich verlassen wir das Kreuz bekleidet mit Christus selbst. *„Denn ihr alle, die ihr auf Christus getauft seid, habt Christus angezogen"* (GALATER 3,27; LUT).

AUS: WEIL DU ES IHM WERT BIST

17. Juni

Gottes Waagschale

Das Wort „unermesslich" erinnert mich an eine Waage.
Gott scheint sich einer Waage zu bedienen in Bezug
auf Ihre Lebenskämpfe. Auf eine Seite stapelt er alle
Ihre Lasten, Sorgen, Schwierigkeiten auf.
Menschen, von denen Sie vernachlässigt wurden.
Chefs, von denen Sie übersehen wurden. […]
All das wird aufgestapelt, und man sieht, wie die Waag-
schale nach unten sinkt. Achten Sie jetzt auf
Gottes Reaktion. Nimmt er alles weg? Räumt er die
Lasten beiseite? Nein. Anstatt sie wegzunehmen, wiegt
er sie auf. Er legt ein ewiges Gewicht der Herrlichkeit
auf die andere Seite. Endlose Freude.
Andauernden Frieden. Eine Ewigkeit von Gott.

Aus: Es geht nicht um mich

18. Juni

Dem Lokführer vertrauen

Für uns ist es notwendig, zu hören, dass Gott noch immer die Kontrolle über alles hat. Für uns ist es notwendig, zu hören, dass es nicht vorbei ist, bis er sagt, dass es vorbei ist. Für uns ist es notwendig, zu hören, dass all die Pannen und Tragödien des Lebens kein Grund sind, auszusteigen. Sie sind einfach nur ein guter Grund dafür, sich gut festzuhalten. Corrie ten Boom pflegte zu sagen: „Wenn ein Zug durch einen Tunnel fährt und alles dunkel wird, springen Sie dann ab? Natürlich nicht. Sie sitzen still und vertrauen dem Lokführer, dass er Sie durch den Tunnel hindurchbringt."

AUS: GEBORGEN IN GOTTES ARM

19. Juni

Nach Gott Ausschau halten

Warten bedeutet nicht Nichtstun. Warten bedeutet, nach Gott Ausschau zu halten. Wenn man auf einen Bus wartet, hält man nach dem Bus Ausschau. Wenn man auf Gott wartet, hält man nach Gott Ausschau, forscht nach Gott, hofft auf Gott. Gottes Versprechen erfüllen sich für Menschen, die das tun.

„Die auf den Herrn harren, kriegen neue Kraft, dass sie auffahren mit Flügeln wie Adler, dass sie laufen und nicht matt werden, dass sie wandeln und nicht müde werden"
(Jesaja 40,31; LUT).

Aus: Durst

20. Juni

Gottes Herrlichkeit und der Golfstrom

Für die Bibel spielt die Herrlichkeit Gottes die gleiche Rolle wie der Golfstrom für den Atlantik. Sie berührt jeden Menschen und hat die Möglichkeit, jedes Leben zu verändern. Auch Ihres. Ein kurzer Blick, ein Vorgeschmack, eine Kostprobe, und Ihr Glaube wird nie mehr derselbe sein ... Herrlichkeit. Gottes Herrlichkeit.

Gottes Herrlichkeit suchen heißt beten:
„Fülle die Luft mit deiner Gegenwart, mit deiner Majestät. Ziehe die Vorhänge des Himmels auf und lasse dein Wesen offenbar werden. Gott, zeige uns Gott."

Aus: Es geht nicht um mich

21. Juni

Sondereinsatzkommando

> „Gutes und Barmherzigkeit werden mir folgen
> mein Leben lang, und ich werde bleiben
> im Hause des HERRN immerdar"
> (PSALM 23,6; LUT).

Das muss einer der wunderbarsten Sätze sein, die jemals verfasst wurden. Diese Verse zu lesen, ist wie eine Schatulle voller Juwelen zu öffnen. Jedes Wort funkelt und möchte entgegen unseren Zweifeln erforscht werden: Güte, Barmherzigkeit, alle Tage, im Hause des HERRN wohnen, für immer. Sie stürzen sich auf alle Unsicherheiten, wie ein Sondereinsatzkommando sich auf einen Terroristen stürzt.

AUS: *GEBORGEN IN GOTTES ARM*

Güte und Barmherzigkeit

Wenn der Herr der Hirte ist, der die Herde führt,
so sind Güte und Barmherzigkeit die beiden
Hütehunde, die die Herde im Rücken sichern. Güte
und Barmherzigkeit. Nicht Güte allein, denn wir sind
Sünder, die der Barmherzigkeit bedürfen. Und nicht
Barmherzigkeit allein, denn wir sind zerbrechlich und
brauchen Güte. Wir benötigen beides. Güte und Barmherzigkeit – die himmlische Eskorte für Gottes Herde.
Güte und Barmherzigkeit folgen einem Kind Gottes
ein Leben lang! Denken wir an die Tage,
die vor uns liegen. Tage der Einsamkeit?

Er wird uns hindurchbringen.
Er wird unsere Hand nehmen.

AUS: *GEBORGEN IN GOTTES ARM*

23. Juni

Vorgefasste Erwartungen

Wir erwarten, dass Gott durch inneren Frieden redet,
aber manchmal spricht er durch Schmerz.
Wir meinen, dass Gott durch die Gemeinde redet,
aber er spricht auch durch die Verlorenen.
Wir suchen die Antwort unter den Protestanten,
aber man weiß, dass er durch die
Katholiken gesprochen hat.
Wir hören uns unter den Katholiken nach ihm um,
finden ihn aber unter den Baptisten.
Wir glauben, wir hören ihn im Sonnenaufgang,
aber er ist auch in der Dunkelheit zu vernehmen.
Wir lauschen ihm im Triumph,
aber noch deutlicher spricht er durch die Tragödie.

Wir müssen es Gott überlassen, wie er sich definiert.

Aus: Gott ganz vertrauen

24. Juni

Tu es noch einmal

Lieber Herr,
du hast Josef, den Häftling, zum Berater des Königs gemacht. Aus Petrus, dem Fischer, hast du einen Apostel gemacht. Wegen dir wurde aus David, dem Schafhirten, ein Heerführer. Tu es noch einmal, Herr, denn auch in unserer Zeit brauchen wir Berater, Apostel und Menschen, die die Leitung übernehmen. Tu es noch einmal, Herr. Hab Erbarmen mit allen, die leiden. […]
Hilf uns zu vergeben und hilf uns zu glauben. Sieh deine Gemeinde freundlich an. Zweitausend Jahre lang hast du sie gebraucht, um einer leidenden Welt Heilung zu bringen. Tu es noch einmal, Herr.
Tu es noch einmal.
Tu es durch Jesus Christus.
Amen.

Aus: In Schattenzeiten Gott begegnen

25. Juni

Einfach verrückt

Nur ein paar Schritte neben dem Baum der
Verzweiflung steht der Baum der Hoffnung.
Direkt neben dem Tod das Leben, neben der
Finsternis der Himmel, neben der Schlinge des
Henkers das Kreuz des Retters.
So stehen sie nebeneinander.
Und wir stehen davor und können es schier nicht
fassen. Wie kommt Jesus dazu, auf dem kahlsten Hügel
des Lebens zu stehen und mit seinen ausgestreckten,
nägeldurchbohrten Händen auf mich zu warten?
Heilig. Verrückt. Eine Gnade, die keine Logik
einfangen kann. Aber muss Gnade überhaupt logisch
sein? Dann wäre es keine Gnade mehr.

AUS: *STAUNEN ÜBER DEN ERLÖSER*

26. Juni

Unser Lob

*„Dann wird einem jeden von Gott
sein Lob zuteil werden"*
(1. Korinther 4,5; LUT).

Nicht „den Besten", auch nicht „wenigen" und nicht „den Erfolgreichen", sondern „einem jeden wird von Gott sein Lob zuteil werden". Sie werden nicht übergangen. Dafür sorgt Gott schon. In der Tat wird Gott selbst Sie loben. Wenn es darum geht, jemandem Anerkennung zukommen zu lassen, überträgt Gott die Aufgabe keinem anderen. Der Erzengel Michael verteilt keine Kronen. Gabriel spricht nicht im Namen des Thrones. Gott selbst überreicht die Auszeichnungen. Gott selbst wird seine Kinder loben.
Und es kommt noch besser: Das Lob ist persönlich!

Aus: Wenn Christus wiederkommt

27. Juni

Der Vorhang

Es steht uns frei, in Gottes Gegenwart zu treten –
jeden Tag, zu jeder Zeit. Gott hat die Schranke
entfernt, die uns von ihm trennt. Die Schranke der
Sünde? Sie ist niedergerissen.
Er hat den Vorhang beseitigt.
Doch wir neigen dazu, die Schranke wieder
aufzubauen. Es gibt zwar keinen Vorhang mehr in
einem Tempel, aber in unserem Herzen hängt ein
Vorhang. Die Fehler unseres Herzens geschehen so
häufig wie das Ticken einer Uhr. Und manchmal, nein,
oft, lassen wir es zu, dass diese Fehler uns von Gott
fernhalten. Unser schuldiges Gewissen wird zum Vorhang, der uns von Gott trennt.
Als Folge verstecken wir uns vor unserem Herrn.

Aus: Weil du es ihm wert bist

28. Juni

Einen Moment lang

Wenn das Leben „nur ein Moment" ist, können wir
dann nicht jede Herausforderung einen
Moment lang ertragen?
Wir können *einen Moment lang* krank sein.
Wir können *einen Moment lang* einsam sein.
Wir können *einen Moment lang* verfolgt werden.
Wir können *einen Moment lang* kämpfen.
Können wir das nicht?
Können wir nicht auf unseren Frieden warten?
Es geht sowieso nicht um uns.
Und es geht ganz sicher nicht um jetzt.

AUS: ES GEHT NICHT UM MICH

29. Juni

Gottes beständige Liebe

Man kann Gottes Liebe nicht beeinflussen.
Man kann auf das Baumsein des Baumes,
das Himmelsein des Himmels und das Felssein des
Felsens keinen Einfluss ausüben. Und man kann auch
die Liebe Gottes nicht beeinflussen. […]
Wenn unsere Taten seine Hingabe ändern würden,
dann wäre Gott nicht Liebe. Dann wäre er menschlich,
denn so ist menschliche Liebe.

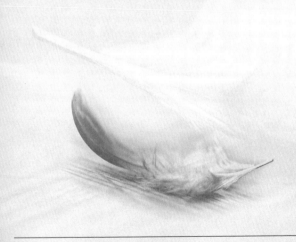

Aus: Durst

30. Juni

Alles wird anders

Ob wir das Lamm sind, das sich auf einen rauen Felsvorsprung verirrt hat, oder ein einsamer Kämpfer im Großstadtdschungel – alles wird anders, wenn unser Retter erscheint.

Unsere Einsamkeit wird geringer, denn wir haben Gemeinschaft. Unsere Verzweiflung schwindet, denn wir haben eine Vision für die Zukunft.

Unsere Verwirrung löst sich auf, denn wir haben ein Ziel. Eins muss uns bewusst sein: Wir haben den Dschungel nicht verlassen. Noch immer verdunkeln die Bäume den Himmel und noch immer verletzen Dornen unsere Haut. Wilde Tiere lauern und Nagetiere huschen durch den Wald.

Der Dschungel hat sich nicht verändert, aber wir sind anders geworden. Wir haben uns verändert, weil wir Hoffnung haben.

Aus: Geborgen in Gottes Arm

1. Juli

Klammern am Weinstock

Klammern Sie sich an Christus, wie sich eine Rebe an den Weinstock klammert. Jesus erklärte, dass die Rebe eine Veranschaulichung des Bleibens ist.

„Denn eine Rebe kann keine Frucht tragen,
wenn sie vom Weinstock abgetrennt wird,
und auch ihr könnt nicht,
wenn ihr von mir getrennt seid, Frucht hervorbringen"
(Johannes 15,4).

Verlässt eine Rebe jemals den Weinstock? […]
Wenn es Seminare für Reben gäbe, würde das Thema lauten: „Der feste Griff: Die Geheimnisse des Klammerns an den Weinstock."
Doch für Reben gibt es keine Seminare, weil dafür das Loslassen des Weinstocks erforderlich wäre, und das ist etwas, was sie ablehnen.

Wie schneiden Sie bei dem Test mit dem Weinstock ab?

Aus: Durst

2. Juli

Ruhig

Das Herz von Jesus war ruhig. Die Jünger regten sich auf, weil Tausende mit Nahrung zu versorgen waren, doch Jesus blieb ruhig.

Er dankte Gott für das Problem. Die Jünger schrien vor Angst im Sturm, aber Jesus blieb ruhig. Er schlief trotz des Unwetters. Petrus zog das Schwert, um gegen die Soldaten zu kämpfen, doch Jesus blieb gefasst.

Er erhob die Hand zum Heilen.

Sein Herz war ruhig. Schmollte er und ging heim, als seine Jünger ihn verließen? Wurde er wütend, als Petrus ihn verleugnete? Wurde er zornig, als ihm die Soldaten ins Gesicht spuckten? Weit gefehlt.

Er blieb ruhig. Er vergab ihnen.

Aus: Werden wie Jesus

3. Juli

Aufschauen

Aus Angst vor Versagen kein Risiko eingehen? Aus Angst vor Verlust keine Liebe schenken oder annehmen? Manche Menschen entscheiden sich für diesen Weg. Ich finde, Aufschauen ist eine bessere Idee. Orientieren Sie sich an dem einzigen Nordstern im Universum, an Gott. Denn obwohl das Leben sich ändert, ändert er sich nie. Die Heilige Schrift beschreibt immer wieder seine Beständigkeit. Betrachten Sie seine Kraft. Sie ist unendlich. Paulus schreibt, dass seine Macht ewig ist (Römer 1,20).
Seine Kraft lässt nicht nach.

AUS: ES GEHT NICHT UM MICH

4. Juli

So sehr liebe ich dich

Gott spricht: „Schaut doch, wie ich eure Sprache spreche, auf eurer Erde schlafe und eure Schmerzen empfinde. […] Ihr fragt euch, ob ich verstehe, was ihr fühlt? Schaut in die lebhaften Augen des Kindes in Nazareth; hier seht ihr, wie Gott zur Schule geht. […] Ihr fragt euch, wie lange meine Liebe dauern wird? Findet eure Antwort an einem rissigen Kreuz auf einem felsigen Hügel. Ich bin es, den ihr da oben seht, euer Schöpfer, euer Gott, von Nägeln durchbohrt und blutend. Mit Speichel bedeckt und mit Sünden beladen. Es ist eure Sünde, die ich fühle. Es ist euer Tod, den ich sterbe. Es ist eure Auferstehung, die ich lebe. So sehr liebe ich euch."

Aus: In Schattenzeiten Gott begegnen

5. Juli

Eines von Gottes Lieblingswörtern

Fällt es uns nicht […] schwer, das Unmögliche zu glauben in einer Welt, die so von Plänen, Budgets und Computern beherrscht wird? Neigen wir nicht dazu, mit kritisch zusammengekniffenen Augenbrauen und vorsichtigen Schritten durch die Welt zu gehen? Dass Gott uns überraschen kann, wir können es uns kaum vorstellen. Mit Wundern rechnen – das tut ein vernünftiger Mensch doch nicht …
Und so fällt es uns […] schwer zu glauben, dass Gott das tun kann, was seine Spezialität ist: Leben schenken, wo Tod ist. Unsere sterile Fantasie lässt wenig Raum für die Hoffnung, dass das Unwahrscheinliche geschehen wird. […] Wir vergessen, dass „unmöglich" eines von Gottes Lieblingsworten ist.

Aus: Staunen über den Erlöser

6. Juli

Der Tag, an dem Jesus wiederkommt

Denken Sie über den Tag nach, an dem Jesus wiederkommt. Sie stehen in der großen Schar der Erlösten. Ihr Körper wurde neu gemacht – keine Schmerzen und keine Probleme mehr. Ihr Verstand wurde neu gemacht – was Sie früher nur teilweise verstanden haben, verstehen Sie jetzt klar. Sie empfinden keine Angst, keine Gefahr, keinen Kummer. Obwohl Sie in einer riesigen Menschenmenge stehen, ist es, als seien Sie und Jesus ganz alleine. Und dann stellt er Ihnen eine Frage. Ich spekuliere jetzt, aber ich frage mich, ob Jesus vielleicht folgende Worte zu Ihnen sagt: „Ich bin so stolz, dass du dich von mir gebrauchen ließest. Wegen dir sind andere heute hier. Möchtest du sie gerne treffen?"

AUS: WENN CHRISTUS WIEDERKOMMT

7. Juli

Jesus sehen

Zachäus war kein hohes Tier. Er war so klein, dass er nicht über die Menschenmenge schauen konnte, die an dem Tag, als Jesus nach Jericho kam, die Straßen säumte. […]
Er sehnte sich danach, Jesus zu sehen.
Es genügte ihm nicht, hinter der Menge zu stehen und durch ein selbst gebasteltes Fernrohr aus Pappe zu spähen. Es genügte ihm nicht zu hören, wie ein anderer den Einzug des Messias beschreibt. […]
Deshalb kletterte er auf einen Baum.
In seinem dreiteiligen Anzug und seinen nagelneuen italienischen Lederschuhen erklomm er schlecht und recht einen Baum, in der Hoffnung, Christus zu sehen.
Ich frage mich, ob wir dazu auch bereit wären.
Würden Sie auf den Baum klettern, um Jesus zu sehen?

Aus: *Wenn Gott dein Leben verändert*

8. Juli

Jemand, der uns führt

Schafe brauchen einen Hirten, der sie zum Wasser führt. Sie haben keine natürlichen Mittel, um sich zu verteidigen – keine Krallen, keine Hörner, keine Reißzähne. Sie sind hilflos. Schafe brauchen einen Hirten mit „Stecken und Stab", der sie beschützt. Sie haben keinen Orientierungssinn. Sie brauchen jemanden, der sie führt. Genauso ist es mit uns. Auch wir tendieren dazu, von Strömungen weggerissen zu werden, die wir besser hätten meiden sollen. Wir haben keinen Schutz gegen den brüllenden Löwen, der umherstreift und sucht, wen er verschlingen könnte (vgl. 1. Petrus 5,8). […]
Wir brauchen einen Hirten, der für uns sorgt und uns führt. Und wir haben einen Hirten.
Einen Hirten, der uns beim Namen kennt!

Aus: Geborgen in Gottes Arm

9. Juli

Gekommen, um zu dienen

Obwohl keiner der Apostel ihm die Füße wäscht, wäscht er sie ihnen. Obwohl keiner der Soldaten beim Kreuz um seine Gnade bittet, gewährt er sie ihnen. Und obwohl seine Anhänger am Donnerstag wie verscheuchte Kaninchen in alle Richtungen davonjagen, kehrt er am Ostersonntag zurück, um nach ihnen zu suchen. Der auferstandene König fährt erst in den Himmel auf, nachdem er 40 Tage mit seinen Freunden verbracht hat, um sie zu lehren, sie zu ermutigen – ihnen zu dienen. Warum das? Weil es sein Auftrag ist. Er ist gekommen, um zu dienen.

Aus: Ganz du selbst

10. Juli

Der Halley'sche Komet

In Gottes Werkstatt gibt es keine Sicherheitskopien von Ihnen. Sie sind nicht einer von vielen Ziegelsteinen im Vorrat des Maurermeisters oder einer von zahlreichen Bolzen in der Schublade des Mechanikers. Nein, auf Sie kommt es an!
Wenn Sie nicht Sie selbst sind, dann fehlen Sie uns und die Welt verpasst etwas. Sie sind der Halley'sche Komet am Himmel, und wir haben nur *eine* Chance, Sie in Aktion zu sehen.
Sie bringen etwas in die Gesellschaft ein, was niemand sonst einbringen kann.
Wenn Sie es nicht tun, ist es nicht da.

Aus: *Ganz du selbst*

11. Juli

Liebe

Wasser muss nass sein. Ein Feuer muss heiß sein.
Sie können einem Wasser nicht das Nasssein wegnehmen und immer noch Wasser haben.
Sie können dem Feuer nicht die Hitze nehmen
und immer noch Feuer haben.
Irgendwie können Sie dem Einen, der vor der Zeit
lebte, nicht die Liebe absprechen und denken,
dass er noch existiert. Denn er war ... und ist ... Liebe.
Befassen Sie sich intensiv mit ihm. Erforschen Sie
jeden Winkel. Liebe ist alles, was Sie finden. Gehen Sie
zurück zum Beginn jeder Entscheidung, die er getroffen hat, und Sie werden Liebe finden.
Gehen Sie ans Ende jeder Geschichte,
die er erzählt hat, und Sie werden Liebe entdecken.
Liebe.

AUS: *RUHE IM STURM*

12. Juli

Unser Bestes

Am Sonntag können wir Gott im Gottesdienst mit unseren Liedern loben und am Montag preisen wir ihn mit unseren Begabungen. Jedes Mal, wenn wir unser Bestes tun, um Gott dafür zu danken, dass er sein Bestes gab, beten wir ihn an.

*„Weil Gott so barmherzig ist,
fordere ich euch nun auf, liebe Brüder,
euch mit eurem ganzen Leben für Gott einzusetzen.
Es soll ein lebendiges und heiliges Opfer sein
– ein Opfer, an dem Gott Freude hat.
Das ist ein Gottesdienst, wie er sein soll"*
(RÖMER 12,1).

Lobpreis stellt Gott ins Rampenlicht und weist uns den Platz zu, der uns gebührt.

AUS: GANZ DU SELBST

13. Juli

Ein Gebet für ein durstiges Herz

Herr, durstig komme ich zu dir.
Ich komme, um zu trinken, um zu nehmen.
Ich nehme dein Werk am Kreuz und in deiner
Auferstehung an. Meine Sünden sind vergeben
und mein Tod ist besiegt. Ich nehme deine Energie für
mich in Anspruch. Mit der Kraft deines Heiligen Geistes kann ich durch Christus, der mir Kraft gibt, alles
tun. Ich nehme deine Leitung an. Ich gehöre dir. Nichts
kommt auf mich zu, das nicht an dir vorübergegangen
ist. Und ich nehme deine Liebe entgegen. Nichts kann
mich von deiner Liebe trennen.

AUS: DURST

14. Juli

Keine Pause

Gott hat nie gesagt: „Heute fühle ich mich stark", weil er jeden Tag gleich stark ist. Für Daniel ist er *„der lebendige Gott, der ewig bleibt"* (Daniel 6,27; LUT). Denken Sie darüber nach. Gott macht nie eine Pause, um zu essen. Gott bittet die Engel nie, ihn zu vertreten, während er Mittagsschlaf hält. Er kündigt nie eine Auszeit an und stellt die Gebetsanliegen aus Russland nicht in die Warteschleife, während er sich um Südafrika kümmert. Er *„wird nicht müde und schläft nicht"* (Psalm 121,4). Brauchen Sie eine starke Hand, die Sie halten kann? Jederzeit? Dann ergreifen Sie Gottes Hand. Seine Kraft ändert sich nie.

Aus: *Es geht nicht um mich*

Warum?

Warum hat Jesus so lange auf der Erde gelebt?
Hätte sein Leben nicht viel kürzer sein können?
Warum trat er nicht in unsere Welt, gerade lange
genug, um für unsere Sünden zu sterben und dann
diese Welt wieder zu verlassen? Warum genügte ihm
kein sündloses Jahr oder eine sündlose Woche?
Warum musste er ein ganzes Leben hier führen?
Es ist eine Sache, unsere Sünden auf sich zu nehmen,
aber unseren Sonnenbrand und unsere
Halsschmerzen? Den Tod erfahren, ja – aber sich mit
dem Leben herumplagen müssen? Lange Wege,
endlose Tage und launische Menschen ertragen?
Warum hat er das getan?
Weil er will, dass Sie ihm vertrauen.

AUS: *WEIL DU ES IHM WERT BIST*

16. Juli

Ein aufmerksamer Zuhörer

Gott hört auf das schmerzliche Flehen des alten Mannes im Altenheim. Er hört auf das ruppige Bekenntnis des zum Tode Verurteilten. Wenn der Alkoholkranke um Barmherzigkeit bettelt, wenn die Ehefrau um Führung bittet, wenn der Geschäftsmann von der Straße weg in die Kirche tritt, hört Gott zu. Er ist ein aufmerksamer und interessierter Zuhörer.

Aus: *In Schattenzeiten Gott begegnen*

17. Juli

Tränen

Nicht viele von uns sind gut darin, ihre Gefühle zu zeigen. Besonders wir Männer. Oh, wir können schreien und fluchen und rauchen, das können wir gut! Aber Tränen? Ist das nicht nur etwas für Schwächlinge?
Es täte uns gut, einmal innezuhalten und uns die tränenverschmierten Gesichter anzuschauen, die wir unter dem Kreuz sehen. […]
Worum geht es? Nicht um die Tränen als solche, sondern um das, wofür sie stehen. Sie drücken das Herz, den Geist und die Seele eines Menschen aus. Meine Gefühle unter Verschluss zu halten heißt, einen Teil meiner Christusähnlichkeit zu begraben!
Vor allem, wenn wir nach Golgatha kommen.

Aus: Staunen über den Erlöser

18. Juli

Achtung!

Wie weit soll Gott gehen, um Ihre Aufmerksamkeit zu bekommen? Wenn Gott zwischen Ihrer ewigen Sicherheit und Ihrem irdischen Komfort zu wählen hat, wofür – hoffen Sie – wird er sich entscheiden? […] Wenn Gott Sie stehen sieht, während Sie eigentlich sitzen sollten, wenn er Sie in Gefahr und nicht in Sicherheit sieht, wie weit möchten Sie, dass er dann geht, damit Sie auf ihn aufmerksam werden? Was wäre, wenn Gott Sie in ein anderes Land führen würde? (Wie er es bei Abraham tat.) […] Wie wäre es mit der Stimme eines Engels oder dem Bauch eines Fisches (à la Gideon oder Jona)? […] Gott tut, was nötig ist, um Ihre Aufmerksamkeit zu bekommen. Ist das nicht die Botschaft der Bibel?

Aus: *Gott ganz vertrauen*

19. Juli

In ihm wohnen

Sie wurden dazu bestimmt, im Haus Ihres Vaters zu wohnen. Jeder Ort, der weniger bietet, ist unzulänglich. Jeder Ort, der fern von ihm ist, ist gefährlich. Nur das Heim, das für Ihr Herz gebaut wurde, kann Ihr Herz schützen. Und Ihr Vater will, dass Sie in ihm wohnen. Nein, Sie haben sich bei diesem Satz nicht verlesen und ich habe mich nicht verschrieben. Ihr Vater bittet Sie nicht nur, bei ihm zu wohnen, er bittet Sie, in ihm zu leben. Wie Paulus sagte:

„In ihm leben, handeln und sind wir"
(Apostelgeschichte 17,28).

Aus: Das Haus Gottes

20. Juli

Voller Güte

Gott ist […] voller Güte. Er hat seinen Blick niemals von Ihnen abgewandt, nicht eine Millisekunde lang.
Er ist immer in Ihrer Nähe. Es freut ihn, Ihren Herzschlag zu hören. Er liebt es, Ihre Gebete zu hören. Er würde lieber für Ihre Sünde sterben, als Sie in Ihrer Sünde sterben zu lassen, und genau das hat er getan.
Was fangen Sie mit einem solchen Retter an? Wollen Sie nicht für ihn singen? Wollen Sie ihn nicht in der Taufe bekennen und im Abendmahl verehren? Wollen Sie nicht die Knie vor ihm beugen, Ihren Kopf senken, einen Nagel einschlagen, die Armen speisen und Ihre Gabe anbetend einsetzen?

Aus: Ganz du selbst

21. Juli

Komm und sieh!

*Und Nathanael sprach zu ihm:
Was kann aus Nazareth Gutes kommen!
Philippus spricht zu ihm: Komm und sieh es*
(JOHANNES 1,46).

Komm und sieh all die veränderten Leben: den nun trockenen Alkoholiker, den jetzt fröhlich lachenden Verbitterten, den Schuldigen, dem nun vergeben ist. Komm und sieh die erneuerten Ehen, die aufgenommenen Waisen, die ermutigten Gefangenen. […] Komm und sieh die durchbohrte Hand Gottes, die das gewöhnlichste Herz berührt, die Tränen vom zerfurchtesten Gesicht abwischt und die hässlichste Sünde vergibt. […] Komm und sieh. Er weicht keinem Suchenden aus. Er lässt kein vorsichtiges Tasten unbeachtet. Er scheut kein Nachforschen. Komm und sieh. Nathanael kam. Und Nathanael sah […]: „Lehrer, du bist der Sohn Gottes; du bist der König Israels"
(vgl. Johannes 1,49).

AUS: GOTT GANZ VERTRAUEN

22. Juli

Gelassen bleiben ...

> „Simon, Simon, siehe, der Satan hat begehrt,
> euch zu sieben wie den Weizen"
> (Lukas 22,31; LUT).

Der Satan wird auf deinen Glauben einschlagen, wie ein Bauer auf dem Dreschboden auf den Weizen einschlägt. Man würde erwarten, dass die nächsten Worte Jesu lauten: „Deshalb verschwinde aus der Stadt!" Oder: „Du musst untertauchen!" Oder: „Leg den nächsten Gang rein, sonst ist es zu spät!" Doch Jesus zeigt keine Panik. Er ist erstaunlich gelassen.

> „Ich aber habe für dich gebeten,
> dass dein Glaube nicht aufhöre.
> Und wenn du dereinst dich bekehrst,
> so stärke deine Brüder"
> (V. 32; LUT).

Können Sie die Ruhe in seiner Stimme hören?

Aus: Wenn Christus wiederkommt

23. Juli

Gott sorgt für uns

Paulus schreibt, dass ein Mann, der seine eigene Familie nicht ernährt, schlimmer ist als ein Ungläubiger (1. Timotheus 5,8). Wie viel mehr wird ein heiliger Gott für seine Kinder sorgen? Wie können wir letzten Endes seinen Auftrag erfüllen, wenn unsere Bedürfnisse nicht befriedigt sind? Wie können wir lehren oder trösten oder Einfluss nehmen, wenn unsere grundlegenden Bedürfnisse nicht erfüllt werden? Wird Gott uns in seinen Dienst stellen, ohne für Verpflegung zu sorgen? Natürlich nicht.

„Ich wünsche euch, dass der Gott des Friedens (…) euch mit allem versorgt, was ihr braucht, um seinen Willen zu tun"
(HEBRÄER 13,20-21).

Wurde dieser Wunsch nicht in unserem Leben erfüllt? […] Vielleicht gab es kein Vier-Gänge-Menü, aber zumindest gab es Brot.
Und oft war es doch ein Festessen.

AUS: DAS HAUS GOTTES

24. Juli

Die schmutzigsten Bereiche unseres Lebens

„Wenn ich dich nicht wasche, gehörst du nicht zu mir"
(Johannes 13,8).

Jesus sagte nicht: „Wenn du dir nicht die Füße wäschst." Warum nicht? Weil wir dazu nicht in der Lage sind. Wir können uns nicht von unserem eigenen Unrat reinigen. Wir können unsere eigenen Sünden nicht beseitigen. Unsere Füße müssen in seine Hände genommen werden.
Und gehen wir nicht am Kern der Sache vorbei. Unsere Füße in die Schüssel zu stellen heißt, die schmutzigsten Bereiche unseres Lebens in seine Hände zu legen. Im Nahen Osten waren die Füße der Menschen damals voll festgetrocknetem Lehm und Schmutz.
Die Aufgabe der Diener eines Festes war es, die Füße der Gäste zu reinigen. Jesus übernahm die Rolle des Dieners. Er wird auch den schmutzigsten Bereich Ihres Lebens reinigen.

Aus: Gott ganz vertrauen

25. Juli

Ein würdiger Botschafter

Möge es unser höchstes Ziel sein, dass ein Mensch
mehr von unserem Vater, unserem König hält.
Paulus schrieb:

*„So sind wir Botschafter Christi,
und Gott gebraucht uns, um durch uns zu sprechen"*
(2. KORINTHER 5,20).

Der Botschafter hat ein einziges Ziel – den König zu
vertreten. Er unterstützt die Interessen des Königs,
schützt den Ruf des Königs und macht den Willen
des Königs bekannt. Der Botschafter verherrlicht den
Namen des Königs. Können wir das Gleiche tun?
Möge Gott uns vom egoistischen Denken befreien.
Und weil die Menschen viel von uns halten, halten sie
auch viel von unserem himmlischen Vater. Sie haben
ihn nicht gesehen. Sie haben ihn nicht kennengelernt.
Doch sie kennen sein Kind,
und deshalb kennen sie sein Herz.

AUS: ES GEHT NICHT UM MICH

26. Juli

Quantensprung des Glaubens

Als Gott die Kinder Israel durch die Wüste führte, erschien er nicht nur einmal am Tag und ließ sie dann alleine. Die Feuersäule war die ganze Nacht über da, die Wolke den ganzen Tag. Unser Gott verlässt uns nie.

„Ich bin immer bei euch"
(MATTHÄUS 28,20).

Unser Glaube macht eine Art Quantensprung, wenn wir die ständige Anwesenheit des Vaters verstehen. Unser Gott ist das Feuer unserer Nacht und die Wolke unseres Tages. Er verlässt uns nie.

AUS: DAS HAUS GOTTES

27. Juli

Schöpfer der Sterne

Von Stolz überwältigt wendet sich der Schöpfer der
Sterne an jeden Einzelnen von uns und sagt:
„Du bist mein Kind. Ich liebe dich. Ich weiß, dass du
dich eines Tages von mir abwenden und weglaufen
wirst. Aber ich möchte dir sagen, dass ich schon dafür
gesorgt habe, dass es für dich einen Weg zurück gibt."
Um seine Liebe zu uns zu beweisen, hat Gott etwas
Außerordentliches getan. Er verließ seinen Thron, legte
sein Gewand aus Licht ab und schlüpfte in eine Haut:
eine pigmentierte, menschliche Haut.
Er, das Licht des Weltalls, er, den die Engel anbeten,
schlüpfte in die dunkle, nasse Gebärmutter eines
Bauernmädchens, wurde in einer kalten Nacht
geboren und schlief in einer Futterkrippe.

Aus: *In Schattenzeiten Gott begegnen*

28. Juli

Seine Namen

Wenn Sie nicht wissen, wie es in Zukunft mit Ihnen weitergeht, dann wenden Sie sich an Ihren Jahwe-roeh, Ihren liebevollen Hirten. Wenn Sie sich um Ihren Lebensunterhalt Sorgen machen, dann sprechen Sie mit Jahwe-jireh, dem Herrn, der für Sie sorgt. Wachsen Ihnen Ihre Aufgaben über den Kopf? Bitten Sie um die Hilfe von Jahwe-schalom, der Herr ist Friede.

Ist Ihr Körper krank oder Ihr Gemüt labil? Jahwe-rophe, der Herr, Ihr Arzt, wird jetzt zu Ihnen kommen. Kommen Sie sich wie ein Soldat vor, den es hinter die feindlichen Linien verschlagen hat? Nehmen Sie Ihre Zuflucht bei Jahwe-nissi, dem Herrn, der Ihr Banner ist.

Wenn Sie über die Namen Gottes nachdenken, werden Sie an Gottes Wesen erinnert.

Aus: Das Haus Gottes

29. Juli

Eine einzigartige Sinfonie

Gott regiert seine Welt. Gott fügt alle Geschehnisse zu einer einzigartigen Sinfonie zusammen.
Der unsichtbare Dirigent leitet dieses Orchester, das wir Leben nennen. Wenn begabte Lehrer Schülern mit Schwierigkeiten helfen und talentierte Manager bürokratische Knoten entwirren, wenn Hundeliebhaber Hunde lieben und Zahlenjongleure es schaffen, die Bilanzen auszugleichen, wenn Sie und ich überwiegend das tun, was wir am besten können, und zwar zur Ehre Gottes, sind wir Körperteile des Leibes Christi, die wunderbar funktionieren. Paulus schreibt:

*„Wir sind alle Teile seines einen Leibes,
und jeder von uns hat eine andere Aufgabe zu erfüllen"*
(RÖMER 12,5).

AUS: GANZ DU SELBST

30. Juli

97 Nullen

Wussten Sie, dass Christus während seines Lebens 332 eindeutige Prophezeiungen des Alten Testaments erfüllte? Wie hoch ist die mathematische Wahrscheinlichkeit, dass sich so viele Prophezeiungen im Leben eines einzigen Menschen erfüllen?

1 zu
840.000.000.000.000.000.000.000.
000.000.000.000.000.000.000.000.
000.000.000.000.000.000.000.000.
000.000.000.000.000.000

(Das sind siebenundneunzig Nullen!) Erstaunlich!

Aus: *Weil du es ihm wert bist*

Gottes Gegenwart

Ändern Sie Ihre Definition von Gebet.
Betrachten Sie das Gebet weniger als ein Tun für Gott
und mehr als ein Bewusstsein von Gottes Gegenwart.
Versuchen Sie, ununterbrochen in diesem Bewusstsein
zu leben. Erkennen Sie Gottes Gegenwart dankbar an,
wo immer Sie auch hingehen. Wenn Sie in der
Schlange stehen, um Ihr Auto anzumelden, denken
Sie: Danke, Herr, dass du hier bist. Wenn Sie einkaufen:
Mein König, ich freue mich über deine Gegenwart.
Beten Sie Ihren Schöpfer beim Geschirrspülen an.

Aus: *Durst*

1. August

Zielgerichtet

Jesus ließ sich von nichts bestimmen außer seiner hohen Berufung. Er handelte zielbewusst. Die meisten Menschen haben kein bestimmtes Ziel im Leben. Jesus strebte ein einziges Ziel an: Menschen aus der Sünde zu retten. Er konnte sein Leben in einem Satz zusammenfassen:

„Der Menschensohn ist gekommen, um Verlorene zu suchen und zu retten" (Lukas 19,10).

Jesus war so sehr auf seine Aufgabe ausgerichtet, dass er wusste, wann er zu sagen hatte: *„Meine Zeit ist noch nicht gekommen"* (Johannes 2,4), und wann er sagen konnte: *„Es ist vollbracht"* (Johannes 19,30).

Aus: Werden wie Jesus

2. August

Immer derselbe

Ihre Ansichten können sich ändern.
Meine Überzeugungen können schwanken.
Doch Gottes Wahrheit wird nicht wanken und deshalb
wird sich auch Gottes Handeln nie ändern.
Er wird immer die Sünde hassen und die Sünder
lieben, die Stolzen verachten und die Demütigen
erhöhen. Er wird immer den Übeltäter für schuldig
erklären und den Niedergeschlagenen trösten.
Er ändert nie die Richtung in der Mitte des Stromes,
er richtet den Kurs nicht auf halbem Wege neu aus,
er ändert nicht die himmlische Verfassung.
Alle anderen werden sich ändern.
Gott bleibt immer derselbe.

Aus: *Ganz du selbst*

3. August

Durch das Tal des Todes

Was ein Hirte mit seiner Herde tut, das tut auch unser Hirte mit uns. Er wird uns ins Hochland führen. Wenn die Weide hier unten kahl ist, wird Gott uns dort hinaufführen. Er wird uns durch das Gatter vom Flachland weg und hinauf in die Berge führen. Eines Tages wird unser Hirte uns auf dem Weg durch das Tal in die Berge bringen. Er wird uns durch das Tal des Todes zu seiner Wohnung führen. […]

„Habt keine Angst.
Ihr vertraut auf Gott, nun vertraut auch auf mich!
Es gibt viele Wohnungen im Haus meines Vaters,
und ich gehe voraus, um euch einen Platz vorzubereiten"
(JOHANNES 14,1-2).

AUS: *GEBORGEN IN GOTTES ARM*

4. AUGUST

Keine Studienfahrt

Es ist unmöglich, vor das Kreuz zu treten und nur mit
dem Kopf zu nicken und nicht mit dem Herzen.
So funktioniert das nicht. Golgatha ist keine Studienfahrt der grauen Zellen, keine intellektuelle Übung.
Es ist keine göttliche Rechenaufgabe,
kein kaltes theologisches Prinzip.
Es ist ein Erlebnis, das uns das Herz zerreißt und
die Gefühle durcheinanderwirbelt.

Verlassen Sie Golgatha nicht mit trockenen Augen
und unbewegt. Ziehen Sie nicht höflich räuspernd die
Krawatte oder die Jacke zurecht. Steigen Sie nicht kühl
und gelassen von diesem Hügel herab.

AUS: STAUNEN ÜBER DEN ERLÖSER

5. August

Zwei Ziegen

Ulrich Zwingli bemühte sich zur Zeit der Reformation um Einheit. Einmal beobachtete er, wie zwei Ziegen sich auf einem schmalen Weg aus entgegengesetzten Richtungen trafen, die eine kam von oben, die andere von unten. Der schmale Pfad verhinderte, dass sie aneinander vorbeikamen. Als sie sich sahen, wichen sie zurück und senkten die Köpfe, als wollten sie aufeinander losgehen. Aber dann geschah etwas Wundervolles. Die Ziege, die von unten kam, legte sich auf den Pfad. Die andere stieg über ihren Rücken hinweg. Dann erhob sich das erste Tier und setzte seinen Weg fort. Zwingli stellte fest, dass die Ziege weiter nach oben kam, weil sie bereit war, sich zu beugen.

Aus: Ganz du selbst

6. August

Ganz wir selbst

Sie können nicht Ihr Fernsehstar, Ihre Mutter,
Ihr Vater oder Ihr großer Bruder sein. Sie können
vielleicht deren Golfschlag oder deren Frisur
imitieren, aber Sie können keiner von ihnen sein.
Sie können nur Sie selbst sein. Alles, was Sie geben
können, ist das, was Sie zum Geben erhalten haben.
Konzentrieren Sie sich darauf, wer Sie sind
und was Sie haben.

*„Jeder achte genau auf sein eigenes Leben und Handeln,
ohne sich mit anderen zu vergleichen. Schließlich ist
jeder für sein eigenes Verhalten verantwortlich"*
(GALATER 6,4-5).

AUS: GANZ DU SELBST

7. August

Das Brot des Lebens

„Ich bin das Brot des Lebens"
(Johannes 6,35).

Brot isst man täglich. Einige Früchte sind nur zu bestimmten Jahreszeiten erhältlich. Manche Getränke mixt man nur im Urlaub. Beim Brot ist das anders. Bei Jesus ist das anders. Er sollte täglich an unseren Tisch gebeten werden. Wir sollten ihn täglich unsere Seele nähren lassen und nicht nur in bestimmten Monaten oder bei speziellen Anlässen.

Brot wird auf verschiedenste Art gereicht. Es wird getoastet, überbacken, gebuttert, geröstet und gegrillt. Es kann ein Sandwich, ein Rosinenweckchen, ein Hotdog-Brötchen, ein Croissant […] sein. Brot kann viele Bedürfnisse stillen. So wie Jesus. Er geht auf unseren speziellen Mangel ein.

Aus: Gott ganz vertrauen

8. August

Keine Panik!

Gott hat nichts geheim gehalten. Er hat uns gesagt, dass wir auf unserem Lebensweg Schwierigkeiten erleben werden. Krankheiten werden den Körper peinigen, Herzen werden durch Ehescheidungen gebrochen. Der Tod wird Frauen zu Witwen machen und ganze Länder werden durch Verwüstung zerstört. Wir sollten nichts anderes erwarten.
Wir brauchen nicht in Panik zu geraten, nur weil der Teufel auftaucht und feixt.

Jesus verspricht:
„Hier auf der Erde werdet ihr viel Schweres erleben. Aber habt Mut, denn ich habe die Welt überwunden!"
(Johannes 16,33).

Aus: Wenn Christus wiederkommt

9. August

Gottes Lieblingsname

„Vater" ist Gottes Lieblingsname. Wir wissen, dass er diesen Namen am liebsten hat, weil er ihn am häufigsten gebrauchte. Während seines Lebens auf der Erde hat Jesus knapp zweihundertmal Gott „Vater" genannt. In seinen ersten aufgezeichneten Worten erklärte Jesus: *„Ihr hättet doch wissen müssen, dass ich im Haus meines Vaters bin"* (Lukas 2,49). In seinem letzten Gebet ruft er: *„Vater, ich lege meinen Geist in deine Hände!"* (Lukas 23,46). Allein im Johannesevangelium wiederholt Jesus fast hundertmal diesen Namen. Gott will gerne Vater genannt werden. Jesus hat uns schließlich gelehrt, unser Gebet mit „Unser Vater" zu beginnen.

Aus: Das Haus Gottes

10. August

Revolutionär!

Für uns ist es schwer zu verstehen, wie revolutionär es war, dass Jesus Jahwe „*Abba*" nannte.
Was uns heutzutage geläufig ist, war zur Zeit Jesu unerhört. Der Neutestamentler Joachim Jeremias beschreibt […]: „[…] *Abba* war ein alltägliches Wort. Es war ein schlichtes Familienwort. Kein Jude hätte es gewagt, Gott in dieser Weise anzusprechen, doch Jesus tat es immer […] Im Vaterunser erlaubt Jesus seinen Jüngern, ihm das Wort *Abba* nachzusprechen. Er gibt ihnen Anteil an seiner Stellung als Sohn. Er ermächtigt seine Jünger, mit ihrem himmlischen Vater in einer solch vertrauten und vertrauensvollen Weise zu sprechen."

Schon die ersten beiden Worte des Vaterunsers sind bedeutungsvoll.
„Unser Vater" erinnert uns daran, dass wir in Gottes Haus willkommen sind, weil wir vom Hausherrn adoptiert wurden.

AUS: DAS HAUS GOTTES

11. August

Von Gott adoptiert

Wenn wir zu Christus kommen, vergibt Gott uns nicht nur, er adoptiert uns auch. Durch eine Reihe dramatischer Ereignisse werden wir von verurteilten Waisen, die keine Hoffnung haben, in adoptierte Kinder, die ohne Furcht sind, verwandelt. Sie treten voll Auflehnung und mit Fehlern beladen vor den Richterstuhl Gottes. Wegen seiner Gerechtigkeit kann er nicht über Ihre Sünde hinweggehen, aber wegen seiner Liebe kann er Sie nicht fortjagen. In einer Tat, die sogar die Himmel verblüffte, bestrafte er sich selbst am Kreuz für Ihre Sünden. Dadurch wurde Gottes Gerechtigkeit und Gottes Liebe in gleicher Weise Genüge getan. Und Ihnen, Gottes Geschöpf, wurde vergeben. Doch die Geschichte endet nicht mit Gottes Vergebung. [...] Er gibt Ihnen seinen Namen. [...] Er bringt Sie nach Hause.

AUS: *DAS HAUS GOTTES*

12. August

Weil er es wollte

> *„Schon vor Erschaffung der Welt hat Gott uns aus Liebe dazu bestimmt, vor ihm heilig zu sein und befreit von Schuld. Von Anfang an war es sein unveränderlicher Plan, uns durch Jesus Christus als seine Kinder aufzunehmen, und an diesem Beschluss hatte er viel Freude"*
> (Epheser 1,4-5).

Und Sie dachten, Gott habe Sie adoptiert, weil Sie gut aussehen. Sie dachten, er brauche Ihr Geld oder Ihre Intelligenz. Tut mir leid. Gott hat Sie einfach adoptiert, weil er es so wollte. Er wollte Sie und hatte Freude an Ihnen. Er wusste genau, welche Belastung Sie sein würden und welchen Preis er bezahlen müsste, als er seinen Namen neben Ihren Namen schrieb, als er Ihnen seinen Namen gab und Sie nach Hause brachte. Ihr Abba adoptierte Sie und wurde Ihr Vater.

Aus: *Das Haus Gottes*

13. August

Gott im Mittelpunkt

Es tut uns doppelt so gut, über Gott nachzudenken als über irgendjemand oder irgendetwas anderes. Gott möchte, dass wir am Anfang und am Ende unserer Gebete an ihn denken. Je mehr wir uns auf Gott konzentrieren, uns nach oben ausrichten, desto mehr Ermutigung erhalten wir für unser Leben im Alltag. Wenn man einen Gegenstand mit einer Lupe betrachtet, ihn also vergrößert oder groß macht, kann man ihn besser erkennen.

Wenn wir Gott groß machen, können wir ihn ebenfalls besser erkennen, besser verstehen. Genau das geschieht, wenn wir Gott anbeten, wenn wir ihn verherrlichen – dann kreisen unsere Gedanken nicht mehr um uns selbst, sondern richten sich auf Gott. Dann steht er im Mittelpunkt.

AUS: IN SCHATTENZEITEN GOTT BEGEGNEN

14. August

Weil wir gerettet sind

Was tun wir, nachdem wir „gerettet"
worden sind [...]?

Wir gehorchen Gott und halten uns von
den Dingen fern, die ihm nicht gefallen.
Praktisch ausgedrückt, wir lieben unseren Nachbarn
und halten uns von Klatsch fern. Wir lehnen es ab,
das Finanzamt oder unsere Frau zu betrügen, und
versuchen, die Menschen zu lieben, die gar nicht
liebenswert sind. Tun wir das, um gerettet zu werden?
Nein. Wir tun diese Dinge aus Gehorsam,
weil wir gerettet sind.

Aus: *Weil du es ihm wert bist*

15. August

Ein ruhiges Abendessen

Das Merkmal eines Schafes ist die Fähigkeit, die Stimme des Hirten zu hören. Die Schafe hören auf seine Stimme. Er ruft seine Schafe bei ihrem Namen und führt sie hinaus.
Das Merkmal eines Jüngers ist die Fähigkeit, die Stimme des Meisters zu hören.

„Hier bin ich! Ich stehe vor der Tür und klopfe an. Wenn jemand meine Stimme hört und die Tür öffnet, werde ich hineinkommen und mit ihm essen und er mit mir"
(OFFENBARUNG 3,20).

Die Welt hämmert an unsere Tür; Jesus klopft behutsam daran. Viele Stimmen schreien nach unserer Loyalität; Jesus bittet sanft und zart darum. Die Welt verspricht schrilles Vergnügen; Jesus verspricht ein ruhiges Abendessen mit Gott:

„Ich werde hineinkommen und mit dir essen."

AUS: GEBORGEN IN GOTTES ARM

16. AUGUST

Zahlreicher als Sandkörner am Meer

Die große Nachricht der Bibel lautet nicht, dass Sie Gott lieben, sondern dass Gott Sie liebt, nicht, dass Sie Gott kennenlernen können, sondern dass Gott Sie schon kennt! Er hat Ihren Namen in seine Handfläche eintätowiert. Seine Gedanken an Sie sind zahlreicher als Sandkörner am Meer. Nie entfallen Sie seinem Sinn, nie entkommen Sie seinem Blick, nie entfliehen Sie seinen Gedanken. Er sieht Ihre schlimmsten Seiten und liebt Sie trotzdem. […]
Jeder Tag und jede Tat Ihres Lebens sind an seinen Augen vorübergezogen und wurden in seine Entscheidung eingerechnet. Er kennt Sie besser, als Sie sich selbst kennen, und er ist zu folgendem Urteil gekommen: Er liebt Sie immer noch.

AUS: DURST

17. August

Schönheit

Kinder konnten Jesus nicht widerstehen.
Er konnte Schönheit in Lilien, Freude am Gottesdienst und Chancen bei Problemen entdecken. Er konnte ganze Tage mit Scharen kranker Menschen verbringen und immer noch Mitleid mit ihnen empfinden.
Drei Jahrzehnte lang watete er durch den Sumpf und Morast unserer Sünde und sah noch genug Schönheit in uns, um für unsere Fehler zu sterben.

Aus: Werden wie Jesus

18. August

Tempel des Heiligen Geistes!

„Wisst ihr nicht, dass euer Leib ein Tempel des Heiligen Geistes in euch ist, der in euch lebt?"
(1. Korinther 6,19).

Paulus schrieb diese Worte, um der Sexbesessenheit der Korinther entgegenzutreten. *„Haltet euch fern von aller Unzucht!"* steht im Vers davor. […] Dieser Bibelvers ist wie ein Lachs. Kein anderer schwimmt energischer gegen den Strom. Sie kennen das sexuelle Motto unserer Zeit: „Ich kann tun, was ich will. Mein Körper gehört mir." Gottes Standpunkt dazu ist: „Nein. Er gehört mir." […] Verwalten Sie Gottes Haus so, dass Vorübergehende stehen bleiben und darauf aufmerksam werden. „Wer wohnt in diesem Haus?", werden sie fragen. Und wenn sie die Antwort erfahren, wird Gott geehrt.

Aus: Es geht nicht um mich

19. August

Unterwegs zu einem Ziel

Wir [sind] unterwegs zu einem Ziel.
Es ist ein wunderbares Ziel. Gott möchte uns vorbereiten auf den großen Tag, an dem wir durch den Mittelgang der geschmückten Kirche zum Altar schreiten, um die Braut Jesu zu werden. Wir sollen einst mit ihm leben, seinen Thron mit ihm teilen, zusammen mit ihm herrschen. Wir zählen. Wir sind wertvoll. Und dieser Wert ist in uns eingebaut, wir haben ihn seit unserer Geburt!
Wenn es eines gibt, was Jesus allen Menschen zeigen wollte, dann dieses: Ein Mensch hat deshalb einen Wert, weil er ein Mensch ist. Darum hat Jesus die Menschen so ganz anders behandelt.

Aus: Staunen über den Erlöser

20. August

Menschen

Gott gebrauchte (und gebraucht heute noch!) *Menschen*, um die Welt zu verändern. *Menschen!* Nicht Heilige oder Übermenschen oder Genies, sondern ganz normale Leute. Betrüger, Aussätzige, Liebhaber und Lügner – er kann sie alle gebrauchen, und was ihnen an Vollkommenheit abgeht, gleicht er durch Liebe aus.

Nie sind diese Arme offener gewesen als am Kreuz. Der eine Arm für die Vergangenheit, der andere für die Zukunft. Eine Umarmung der Vergebung für jeden, der kommen will. Wie eine Henne, die ihre Küken sammelt. Ein Vater, der seine Kinder ruft. Ein Erlöser, der die Welt erlöst.

AUS: *STAUNEN ÜBER DEN ERLÖSER*

21. August

Sein Ebenbild

Warum liebt eine Mutter ihr Neugeborenes?
Weil es ihr Baby ist? Mehr noch. Weil das Baby sie ist.
Ihr Blut. Ihr Fleisch. Ihr Mark und ihre Knochen.
Ihre Hoffnung. Ihr Vermächtnis. Es kümmert sie gar
nicht, dass das Baby ihr nichts gibt. Sie weiß, dass ein
Neugeborenes hilflos ist, schwach. Sie weiß, dass Babys
nicht danach gefragt haben, in diese Welt zu kommen.
Und Gott weiß, dass das bei uns genauso ist.
Wir sind seine Idee. Wir sind sein. Sein Gesicht. Seine
Augen. Seine Hände. Sein Federstrich. Wir sind er. [...]
Wir sind – unfassbar – der Leib Christi. Und obwohl
wir nicht so handeln mögen wie unser Vater, gibt es
keine größere Wahrheit als diese: Wir sind sein.
Unabänderlich. Er liebt uns. Unsterblich.

Aus: Gott ganz vertrauen

22. August

Platzend vor Stolz

Gott legt solche Leidenschaft in einen Menschen hinein. Hören Sie, wie er den Tempelbauer Bezalel beschreibt:

„Ich habe ihn mit dem Geist Gottes erfüllt und ihm Weisheit, Verstand und Können gegeben, handwerkliche Arbeiten auszuführen. Ich habe ihn befähigt, Pläne für alle anstehenden Arbeiten zu entwerfen, Gegenstände aus Gold, Silber und Bronze zu schaffen, Edelsteine zu schleifen und einzufassen und Holz zu schnitzen" (2. Mose 31,3-5).

So redet Gott! Können Sie die Freude in seiner Stimme heraushören? Er klingt wie ein Großvater, der Fotos aus seiner Geldbörse hervorkramt. „Ich habe ihn erfüllt … Ich habe ihm Können gegeben … Ich habe ihn befähigt!" Wenn Sie sich dem am meisten widmen, was Sie am besten können, dann platzt Gottes Weste vor Stolz.

Aus: *Ganz du selbst*

23. August

Das Zeugnis der Natur

Da, wo es keine Bibel gibt, leuchten die Sterne. Wo es keine Prediger gibt, wird immer wieder Frühling. Da, wo kein Zeugnis der Heiligen Schrift vorliegt, gibt es das Zeugnis der wechselnden Jahreszeiten und der atemberaubenden Sonnenuntergänge. Wenn ein Mensch nichts außer der Natur hat, dann genügt die Natur, um etwas über Gott zu offenbaren. Paulus sagte:

„Seit Erschaffung der Welt haben die Menschen die Erde und den Himmel und alles gesehen, was Gott erschaffen hat, und können daran ihn, den unsichtbaren Gott, in seiner ewigen Macht und seinem göttlichen Wesen klar erkennen. Deshalb haben sie keine Entschuldigung dafür, von Gott nichts gewusst zu haben" (RÖMER 1,20).

Aus: Wenn Christus wiederkommt

24. August

Die Schlüsselfrage

Die Schlüsselfrage lautet nicht: „Wie stark bin ich?",
sondern: „Wie stark ist Gott?" Konzentrieren Sie sich
auf seine Kraft, nicht auf Ihre.
Befassen Sie sich mit dem Wesen Gottes,
nicht mit der Größe Ihrer Muskeln.

Das tat Mose. Oder zumindest sagte Gott das (so
oder so ähnlich) zu Mose. Erinnern Sie sich an das
Gespräch beim brennenden Busch? […] *„Zieh deine
Schuhe von deinen Füßen; denn der Ort, darauf du
stehst, ist heiliges Land!"* (2. Mose 3,5; LUT). Mit diesen
wenigen Worten beginnt Gott, Mose zu unterweisen.
Sofort werden die Rollen festgelegt. Gott ist heilig. Es
ist zu anmaßend, sich ihm auch nur auf einem Stück-
chen Leder zu nähern. Und wenn wir weiterlesen,
entdecken wir, dass keine Zeit damit vergeudet wird,
Mose davon zu überzeugen, was er tun kann, dass aber
viel Zeit damit verbracht wird, Mose zu erklären,
was Gott tun kann.

Aus: Das Haus Gottes

25. August

Garten des Lebens

Ist Satan in den Garten Ihres Lebens eingedrungen?
Hat er einen heiligen Bereich Ihrer Welt entweiht?
Ihre Ehe? Ihre Reinheit? Ihre Ehrlichkeit?
Hat er Ihnen eine Rose weggenommen, die Gott gab?
Wenn ja, dann lassen Sie sie von Jesus zurückfordern.
Heute. Jetzt. Bevor Sie diese Seite umblättern.
Verzeihen Sie, wenn ich so nachdrücklich klinge,
aber das bin ich. Satan hat keine Autorität über Sie.
Wenn er in einen Garten Ihres Lebens eingedrungen
ist, dann laden Sie Jesus ein, ihn zurückzufordern.
Öffnen Sie Gott das Tor. Er wird eintreten und tun, was
er in Gethsemane tat. Er wird beten
und er wird beschützen.

Aus: Gott ganz vertrauen

26. August

Unmöglich?

Wenn Gott fähig ist, den Sternen ihren Platz anzuweisen und den Himmel wie einen Vorhang auszubreiten, halten Sie es dann nicht für annähernd möglich, dass er Ihr Leben lenken kann? Wenn Ihr Gott mächtig genug ist, die Sonne zu entzünden, dann ist er wohl mächtig genug, Licht auf Ihren Weg zu bringen. Gott hat dem Saturn Ringe geschenkt, und die Venus lässt er funkeln. Glauben Sie nicht, dass er auch Sie genug liebt, um für das zu sorgen, was Sie brauchen?

Aus: Das Haus Gottes

27. AUGUST

Der Chef des Sturms

Der Sturm, der die Jünger in Panik versetzte, machte Jesus schläfrig. Was den Jüngern Furcht einjagte, ließ ihn in Schlaf versinken. Für die Jünger war das Boot ein Grab, für Christus eine Wiege. Wie konnte er in diesem Sturm schlafen?

Ganz einfach, er war der Chef des Sturms. Unglaublich. Er leiert kein Mantra herunter und schwenkt keinen Zauberstab. Er ruft keine Engel, er braucht keine Hilfe. Das tobende Wasser wird ein stiller See, sofort. Augenblicklich herrscht Ruhe. Nicht die kleinste Welle. Kein Tropfen. Kein Windstoß. In einem Augenblick verwandelt sich der See von einem tosenden Ungetüm in einen friedlichen Teich.

Aus: In Schattenzeiten Gott begegnen

28. August

Die Größe seiner Liebe

Wenn Sie in ein Leben mit Gottes Liebe eintauchen, dann kommen Sie gereinigt und verändert heraus. Wir kennen die Wirkung von Gottes Liebe. Aber ihre Größe? Kein Mensch hat sie je gemessen. Wer kennt die Tiefe der Liebe Gottes? Nur Gott selbst.

„Willst du die Größe meiner Liebe sehen?", lädt er ein. „Dann steige den gewundenen Weg hinauf, auf den Hügel außerhalb Jerusalems. Folge der blutigen Dreckspur, bis du die Kuppe erreicht hast. Halte inne, bevor du hochschaust, dann hörst du mich flüstern: ‚So sehr liebe ich dich.'"

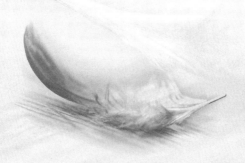

Aus: Es geht nicht um mich

29. August

Wie ein Hausbesitzer

Es ist hilfreich, das Wirken des Heiligen Geistes von folgendem Standpunkt her zu betrachten: Was Jesus in Galiläa tat, tut der Heilige Geist in uns. Jesus wohnte unter den Menschen, lehrte, tröstete und überzeugte. Der Heilige Geist wohnt in uns, lehrt, tröstet und überzeugt. Für dieses Versprechen wird im Neuen Testament meist das Wort „*oikeo*" benutzt, das „leben" oder „wohnen" bedeutet. Oikeo stammt von dem griechischen Wort „*oikos*" ab, das „Haus" bedeutet. Der Heilige Geist wohnt in einem Gläubigen, wie ein Hausbesitzer in seinem Haus wohnt.

Aus: Durst

Gott unsere Zweifel überlassen

Legen wir unsere Zweifel nieder. Wir lassen uns nicht länger von ihnen belasten. Wir müssen nicht mehr Diener der Unsicherheit sein. Und wir müssen nicht länger Kunde der Angst sein. Wir können Gott vertrauen. Er hat uns seine Liebe gegeben; warum überlassen wir ihm nicht unsere Zweifel? Gott schenkt uns sich selbst. Sogar wenn wir unsere Hütte seinem Haus und unseren Müll seiner Gnade vorziehen, folgt er uns noch immer. Er zwingt uns nie. Er verlässt uns nie. Er ist beharrlich geduldig. Er steht treu an unserer Seite. Er verwendet all seine Macht darauf, uns davon zu überzeugen, dass er ist, wer er ist, und dass man ihm vertrauen kann, dass er uns nach Hause führt. Seine Güte und Barmherzigkeit werden uns folgen unser Leben lang.

AUS: GEBORGEN IN GOTTES ARM

31. August

Eine Herde

Gott hat nur *eine* Herde. Irgendwie ist das an uns vorbeigerauscht. Religiöse Spaltung entspricht nicht seinen Vorstellungen. Abgrenzungen und Sektierertum gehören nicht zu seinem Plan. Gott hat eine Herde. Die Herde hat einen Hirten. Und wenn wir denken, es gäbe viele, befinden wir uns im Irrtum. Es gibt nur eine einzige.

Nie werden wir in der Bibel aufgefordert, Einheit zu schaffen. Wir werden nur aufgefordert, die bestehende Einheit zu wahren. Paulus ermahnt uns, *„die Einheit zu bewahren, die der Geist Gottes euch geschenkt hat"* (EPHESER 4,3; GNB). Unsere Aufgabe besteht nicht darin, die Einheit zu erfinden, sondern sie anzuerkennen. […] Wenn ich sehe, dass jemand Gott Vater nennt und Jesus Erlöser, dann begegne ich da einem Bruder oder einer Schwester – ganz unabhängig vom Namen ihrer Gemeinde oder Denomination.

AUS: GOTT GANZ VERTRAUEN

1. September

Von Gott geführt

Jesus holte sich seine Anweisungen von Gott.
Es war seine Gewohnheit, in die Synagoge zu gehen
(vgl. Lukas 4,16). Er lernte Bibelstellen auswendig
(vgl. Lukas 4,4). Lukas schreibt:

*„Jesus zog sich jedoch immer wieder
zum Gebet in die Wüste zurück"*
(LUKAS 5,16).

Er wurde von seinen Gebetszeiten geleitet. Einmal kam
er vom Gebet zurück und kündigte an, dass es Zeit sei,
in eine andere Stadt zu ziehen (vgl. Markus 1,38). Eine
andere Gebetszeit führte zur Berufung
der Jünger (vgl. Lukas 6,12-13).
Jesus wurde von einer unsichtbaren Hand geführt.

„Was immer der Vater tut, das tut auch der Sohn"
(JOHANNES 5,19).

AUS: WERDEN WIE JESUS

2. September

Die Kraft des Glaubens

Glaube vertraut auf das,
was das Auge nicht sehen kann.
Die Augen sehen den brüllenden Löwen.
Der Glaube sieht Daniels Engel. […]
Deine Augen sehen deine Fehler.
Dein Glaube sieht deinen Erlöser.
Deine Augen sehen deine Schuld.
Dein Glaube sieht sein Blut.
Deine Augen sehen dein Grab.
Dein Glaube sieht eine Stadt,
deren Baumeister und Schöpfer Gott ist.
Deine Augen sehen in den Spiegel und sehen einen
Sünder, einen Versager, einen Wortbrüchigen.
Aber im Glauben siehst du in den Spiegel und erblickst
dich selbst als den Verlorenen,
der mit einem kostbaren Gewand bekleidet ist und
den Ring der Gnade an seinem Finger und den Kuss
des Vaters auf seinem Gesicht trägt.

Aus: Geborgen in Gottes Arm

3. September

Ein köstlicher Wohlgeruch

Gereinigt und mit Kraft ausgestattet steigen die Worte Ihres Gebets wie ein köstlicher Wohlgeruch zum Herrn auf.

„Der Rauch des Räucherwerks stieg mit ihren Gebeten von dem Altar, auf dem der Engel sie ausgegossen hatte, zu Gott auf"
(Offenbarung 8,4).

Unglaublich. Ihre Worte machen nicht halt, bis sie den Thron Gottes erreicht haben. Ein Ruf und die Truppe des Himmels erscheint. Ihr Gebet auf der Erde setzt Gottes Macht im Himmel in Bewegung.

Aus: *In Schattenzeiten Gott begegnen*

4. September

Im Garten

Wenn Sie das nächste Mal den Eindruck haben, dass niemand Sie versteht, lesen Sie das 14. Kapitel des Markusevangeliums. Wenn Ihnen das Selbstmitleid das nächste Mal einredet, dass Sie allen egal sind, machen Sie einen Besuch in Gethsemane. Und wenn Sie sich das nächste Mal fragen, ob Gott wirklich weiß, wie viel Schmerz und Elend es auf diesem staubigen Planeten gibt, hören Sie ihm zu, wie er unter den knorrigen Bäumen schreit und weint.

Es wirkt Wunder für unser eigenes Leiden, wenn wir Jesus im Garten Gethsemane betrachten.

Nie ist Gott mehr Mensch gewesen als in dieser Stunde. Nie war er uns näher als damals, als er litt. Seine Fleischwerdung ist nirgends so vollkommen gewesen wie in diesem Garten.

Aus: Staunen über den Erlöser

5. September

Ein interessantes Geschäft?

Augustinus hat einmal das folgende Experiment aufgestellt. Stellen Sie sich vor, Gott würde zu Ihnen sagen: „Ich mache ein Geschäft mit dir, wenn du willst. Ich gebe dir alles, worum du bittest: Vergnügen, Macht, Ehre, Reichtum, Freiheit, sogar Seelenfrieden und ein gutes Gewissen. Nichts wird Sünde sein; nichts wird dir verboten werden und nichts wird dir unmöglich sein. Du wirst dich nie langweilen, und du wirst nie sterben. Nur … du wirst mein Angesicht nie sehen." Nie? Nie Gott sehen? Niemals die Gegenwart Christi erblicken? Verliert an diesem Punkt das Geschäft nicht ein bisschen von seinem Reiz?

Aus: *Wenn Christus wiederkommt*

6. September

Stolz sein?

Was empfindet man, wenn man zu
Gottes Mannschaft gehört? In Wirklichkeit verdienen
wir diese Zugehörigkeit nicht. […]

*„Können wir nun stolz darauf sein,
dass wir irgendetwas dazu getan haben,
von Gott angenommen zu werden?"*, fragte Paulus
(RÖMER 3,27).

Worauf können wir stolz sein? Was haben Sie und ich
dazu beigetragen? Abgesehen davon, dass wir zugegeben haben, völlig heruntergekommen zu sein,
fällt mir nichts ein.

*„Gott allein hat es ermöglicht,
dass ihr in Christus Jesus sein dürft"*
(1. KORINTHER 1,30).

Die Erlösung verherrlicht den Erlöser,
nicht die Erlösten.

AUS: ES GEHT NICHT UM MICH

7. September

Vergeben

Rache ist eine Angelegenheit des Herzens. Wenn wir verletzt oder gekränkt wurden, dauert es nicht lange, bis wir Bezahlung von denen fordern, die uns etwas schulden.
Schuldet Ihnen jemand etwas? Eine Entschuldigung? Eine zweite Chance? Einen Neubeginn? Eine Erklärung? Ein „Danke"? Eine Kindheit? Eine Ehe? Denken Sie einmal darüber nach (aber nicht allzu lange).

Jesus sagte:
„Wenn ihr denen vergebt, die euch Böses angetan haben, wird euer himmlischer Vater euch auch vergeben. Wenn ihr euch aber weigert, anderen zu vergeben, wird euer Vater euch auch nicht vergeben"
(MATTHÄUS 6,14-15).

AUS: IN SCHATTENZEITEN GOTT BEGEGNEN

8. September

Eine bleibende Familie

Gott baut sich eine Familie auf. Eine bleibende Familie. Irdische Familien halten nicht ewig. Sogar jene, die einer Scheidung entgehen, werden letztendlich durch den Tod getrennt. Gottes Familie wird jedoch das Universum überdauern.

„Ich kann nur meine Knie beugen vor Gott,
dem Vater, dem Vater von allem,
was im Himmel und auf der Erde ist"
(Epheser 3,14-15).

Wenn Sie Ihr Vertrauen auf Christus setzen, schenkt er Ihnen nicht nur seine Vergebung, sondern nimmt Sie auch in seine Familie von Freunden auf.

Aus: Ganz du selbst

9. September

Brüderliche Liebe

Der gemeinsame Glaube ist das Merkmal der Menschen, die zu Gottes Familie gehören. Und sie begegnen einander in einer liebevollen Haltung. Paulus stellt folgende Regel für Beziehungen in der Gemeinde auf:

„Die brüderliche Liebe untereinander sei herzlich"
(RÖMER 12,10; LUT).

[…] Sie haben sich mich nicht ausgesucht, ich habe Sie mir nicht ausgesucht. Vielleicht mögen Sie mich nicht, vielleicht mag ich Sie nicht. Aber da Gott sich uns beide ausgesucht hat, gehören wir zu einer Familie.

AUS: GANZ DU SELBST

10. September

Die Rolle des Heiligen Geistes

Wenn ich Sie bitten würde, Ihren Vater im Himmel zu beschreiben, würden Sie mir eine Antwort geben. Würde ich Sie bitten, mir zu sagen, was Jesus für Sie getan hat, würden Sie wahrscheinlich eine triftige Antwort geben. Aber wenn ich nach der Rolle des Heiligen Geistes in Ihrem Leben fragen würde …? […]

Es würde schnell deutlich werden, dass der Heilige Geist diejenige Person der Dreieinigkeit ist, die wir am wenigsten verstehen. Der wohl häufigste Fehler besteht darin, den Heiligen Geist nicht als Person, sondern als Kraft ohne Identität zu betrachten. Aber das ist nicht wahr. Der Heilige Geist ist eine Person. Jesus bezeichnet ihn als *„den Geist der Wahrheit, den die Welt nicht empfangen kann, denn sie sieht **ihn** nicht und kennt **ihn** nicht. Ihr kennt **ihn**, denn er bleibt bei euch und wir in euch sein"* (Johannes 14,17; Hervorhebung des Autors).

Aus: Gott ganz vertrauen

11. September

Popeyes Spinat?

Der Heilige Geist ist kein „Es"; er ist eine Person. Er besitzt Wissen (1. Korinther 2,11). Er hat einen Willen (1. Korinther 12,11). Er hat einen Verstand (Römer 8,27). Er hat Gefühle (Römer 15,30). Man kann ihn belügen (Apostelgeschichte 5,3-4). Man kann ihn schmähen (Hebräer 10,29). Man kann ihn betrügen (Epheser 4,30). Der Heilige Geist ist keine unpersönliche Kraft. Er ist nicht Popeyes Spinat oder die Welle des Surfers. Er ist Gott in Ihnen, um Ihnen zu helfen. Johannes nennt ihn den Beistand.

Stellen Sie sich einen Vater vor, der seinem Sohn hilft, Rad fahren zu lernen, und Sie haben eine erste Vorstellung vom Heiligen Geist. [...] Anders als ein Vater lässt er uns jedoch nie allein.
Er bleibt bis ans Ende der Zeit bei uns.

Aus: Gott ganz vertrauen

12. September

Sei ein Frosch!

Nehmen Sie Gottes Erlaubnis an, derjenige zu sein, als der er Sie gemacht hat. Ein Frosch kann mit seinen kleinen Beinen wedeln, so viel er will, er wird niemals fliegen können. Einige von Ihnen wedeln schon sehr lang herum – viel zu lang. Ihre Stars sind Vögel, Ihre Vorbilder sind Vögel. Sie denken, Sie sollten ebenfalls fliegen können, und fühlen sich schuldig, dass es Ihnen nicht gelingt. Schluss mit diesem Denken eines Spatzenhirns! Seien Sie ein Frosch! Es ist vollkommen in Ordnung, zu hüpfen. Sie haben ein Paar gewaltige Oberschenkel, also springen Sie los.

Aus: Ganz du selbst

13. September

Dein Reich komme

Wenn Sie sagen: „Dein Reich komme", dann laden Sie den Messias selbst in Ihre Welt ein. „Komme, mein König! Nimm deinen Thron in deinem Land ein. Sei in meinem Herzen gegenwärtig. Komm in meine Ehe. Sei du der Herr meiner Familie, meiner Ängste und meiner Zweifel." Das ist keine schwache Bitte; es ist ein kühner Aufruf an Gott, jeden Winkel Ihres Lebens zu besetzen. Wer sind Sie, dass Sie so etwas bitten können? Wer sind Sie, dass Sie Gott bitten, Ihre Welt in die Hand zu nehmen? Sie sind sein Kind, um Gottes willen! Und deshalb bitten Sie kühn.

„Lasst uns deshalb zuversichtlich vor den Thron unseres gnädigen Gottes treten.
Dort werden wir Barmherzigkeit empfangen und Gnade finden, die uns helfen wird,
wenn wir sie brauchen"
(Hebräer 4,16).

Aus: Das Haus Gottes

14. September

Wir sind nicht allein

Wir mögen dem Tod gegenüberstehen, aber wir stehen ihm nicht allein gegenüber; der Herr ist bei uns. Wir sind vielleicht mit Arbeitslosigkeit konfrontiert, doch wir sind nicht allein damit konfrontiert; der Herr ist bei uns. Wir kämpfen möglicherweise mit Eheproblemen; aber wir sind in diesem Kampf nicht allein; der Herr ist bei uns. Wir stehen vielleicht vor einem Berg Schulden, doch wir sind nicht allein, der Herr ist bei uns. […] Es kann sein, dass sich unsere Familie gegen uns wendet, aber Gott wird das nicht tun. Unsere Freunde verraten uns vielleicht, doch Gott wird das nicht tun. Wir fühlen uns möglicherweise allein in der Wildnis, aber wir sind nicht allein.

Aus: Geborgen in Gottes Arm

15. September

Das menschliche Herz

*„Es ist das Herz ein trotzig und verzagt Ding;
wer kann es ergründen?"*
(Jeremia 17,9; LUT).

Unser Herz scheint so ganz anders zu sein als das von Jesus. Er ist rein; wir sind habsüchtig. Er ist ruhig; wir sind gereizt. Er ist zielbewusst; wir sind zerstreut. Er ist freundlich; wir sind launisch. Er ist geistlich; wir hängen an irdischen Dingen. Der Abstand zwischen unserem und seinem Herzen scheint so riesig zu sein. Wie können wir jemals hoffen, das Herz von Jesus zu haben? Machen Sie sich jetzt auf eine Überraschung gefasst! Sie haben es schon. Sie haben bereits das Herz Christi. Glauben Sie, ich will Sie auf die Schippe nehmen? Wenn Sie in Christus sind, haben Sie bereits das Herz Christi.

Aus: Werden wie Jesus

16. September

Den Kosmos in Gang halten

Sie können für Ihre Sünden genauso wenig sterben, wie Sie eine Lösung für den Hunger in der Welt finden können. Und für Gott ist das in Ordnung. Die Welt hängt nicht von Ihnen ab. Gott liebt Sie zu sehr, als dass er Ihnen die Verantwortung für etwas überträgt, was Ihr Können überragt. Er sorgt dafür, dass der Kosmos in Gang bleibt. […]

Wir wissen nicht, was man braucht, um die Welt zu lenken; und wir handeln weise, wenn wir diese Arbeit ihm überlassen. „Es geht nicht um Sie" bedeutet nicht, dass Sie nicht geliebt sind; im Gegenteil. Weil Gott Sie liebt, geht es nicht um Sie.

Aus: Es geht nicht um mich

17. September

Nichts leichter als das

Es ist leichter, über einen Menschen zu sprechen, als ihm zu helfen. Es ist leichter, über Homosexualität zu debattieren, als einem Homosexuellen ein Freund zu sein. Es ist leichter, über Scheidungen zu diskutieren, als den Geschiedenen zu helfen. Es ist leichter, über Abtreibung zu streiten, als ein Waisenhaus zu unterstützen. Es ist leichter, sich über das Sozialwesen zu beschweren, als den Armen zu helfen.
Es ist leichter, zu etikettieren, als zu lieben.

AUS: GOTT GANZ VERTRAUEN

18. September

In Sicherheit

Führen Sie sich diesen Augenblick vor Augen:
Gott auf seinem Thron und Sie auf der Erde.
Und zwischen Ihnen und Gott, zwischen Ihnen und
dem Himmel, hängt Jesus am Kreuz. Ihre Sünden sind
auf Jesus geladen worden. Gott, der Sünde bestraft,
lässt seinen gerechten Zorn über Ihre Verfehlungen
freien Lauf. Der Schlag trifft Jesus. Da Christus
zwischen Ihnen und Gott steht, werden Sie verschont.
Die Sünde wird bestraft, doch Sie sind in Sicherheit – in Sicherheit im Schatten des Kreuzes.

Aus: Weil du es ihm wert bist

19. September

Ganz anders

Gottes Gedanken sind nicht unsere Gedanken, sie sind unseren Gedanken nicht einmal ähnlich. Wir befinden uns auch nicht auf derselben Ebene. Wir denken an die Erhaltung des Körpers. Er denkt an die Rettung der Seele. Wir träumen von einer Gehaltserhöhung. Er träumt von der Auferstehung der Toten. Wir sind leidensscheu und suchen Frieden. Gott benutzt Leiden, um Frieden zu bringen. Wir beschließen: „Ich will leben, bevor ich sterbe." Gott unterweist uns: „Stirb, damit du leben kannst."

Aus: *In Schattenzeiten Gott begegnen*

20. September

Im Nebel

Die Zeiten, die wir [im] Nebel verbringen, sind womöglich Gottes größtes Geschenk an uns. Sie können zu der Stunde werden, in der wir das Gesicht unseres Schöpfers erblicken. Wenn es wahr ist, dass Gott uns Menschen im Leiden am ähnlichsten wird, dann sehen wir ihn vielleicht in unserem Leiden deutlicher als je zuvor.

Wenn Sie das nächste Mal leiden müssen, passen Sie gut auf. Es könnte sein, dass Gott Ihnen noch nie so nahe war. Schauen Sie genau hin. Es könnte gut sein, dass die Hand, die sich Ihnen entgegenstreckt, um Sie aus dem Nebel herauszuführen, eine durchbohrte Hand ist.

Aus: Staunen über den Erlöser

21. September

Ein knurrender Magen

Gier kann viele Formen annehmen. Es gibt die Gier nach Anerkennung, Gier nach Beifall, Gier nach Status. Gier nach dem besten Büro, dem schnellsten Auto, der attraktivsten Partnerin. Gier hat viele Gesichter, aber sie spricht nur eine Sprache: die Sprache „mehr". […] Weise Worte dazu schreibt der Prediger:

„Wer am Geld hängt, wird davon nie genug kriegen,
und wer den Wohlstand liebt,
wird immer von der Gier nach mehr getrieben werden"
(Prediger 5,9).

[…] Gier hat einen knurrenden Magen. Wenn Sie ihn füttern, riskieren Sie mehr als Schulden, die die Haushaltskasse sprengen. Sie laufen Gefahr, Ihr Ziel aus den Augen zu verlieren.

Aus: Ganz du selbst

22. September

Alles für Sie

Es gibt viele Gründe, weshalb Gott Sie errettet:
um sich zu verherrlichen, um seiner Gerechtigkeit zu
genügen, um seine Souveränität zu zeigen. Doch einer
der köstlichsten Gründe, weshalb Gott Sie rettet, ist die
Tatsache, dass er Gefallen an Ihnen findet.
Er hat Sie gern in seiner Nähe. Er findet, dass Sie so
ziemlich das Beste sind, was ihm seit Langem über den
Weg gelaufen ist.

*„Wie sich ein Bräutigam freut über die Braut,
so wird sich dein Gott über dich freuen"*
(Jesaja 62,5).

Wenn Gott einen Kühlschrank hätte, würde Ihr Foto
darauf kleben. Hätte er eine Brieftasche, befände sich
ein Porträt von Ihnen darin. Er schickt Ihnen jeden
Frühling Blumen und jeden Morgen
einen Sonnenaufgang.

Aus: *Gott ganz vertrauen*

23. September

Der vollkommene Priester

Was werden wir sehen, wenn wir Christus sehen?
Wir werden den vollkommenen Priester sehen.

*„Er trug ein langes Gewand
mit einem goldenen Gürtel über der Brust"*
(OFFENBARUNG 1,13).

Die ersten Leser dieser Botschaft verstanden die
Bedeutung des Gewandes und des Gürtels. Jesus trägt
die Kleidung eines Priesters. Ein Priester ist ein Mittler
zwischen Gott und den Menschen. Sie haben andere
Priester gekannt. Es gab Menschen in Ihrem Leben,
egal ob es Geistliche waren oder nicht, die versuchten,
Sie zu Gott zu bringen. Aber diese Menschen
brauchten selbst einen Priester.
Manche hatten einen Priester nötiger als Sie.
Wie Sie waren diese Menschen Sünder. Nicht Jesus.
Jesus ist der vollkommene Priester.

AUS: WENN CHRISTUS WIEDERKOMMT

24. SEPTEMBER

Gottes Pläne

Wird Gott das, was er vorhat, vor uns verheimlichen? Offensichtlich nicht, denn er hat so viel getan, um uns seinen Willen zu offenbaren. Hätte er mehr tun können, als seinen Sohn zu senden, um uns zu leiten? Hätte er mehr tun können, als uns sein Wort zu geben, um uns zu lehren? Hätte er mehr tun können, als Ereignisse zusammenkommen zu lassen, um uns wachzurufen? Hätte er mehr tun können, als seinen Heiligen Geist zu senden, um uns zu beraten?
Gott ist nicht der Gott der Verwirrung, und immer wenn er Menschen mit fragendem Herzen sieht, die aufrichtig suchen, dann können sie sich darauf verlassen, dass er alles tut, um ihnen zu helfen, seinen Willen zu erkennen.

AUS: DAS HAUS GOTTES

25. September

Nicht unsere Kragenweite

David lehnt die Rüstung ab, sucht ein paar Steine zusammen, pustet dem Riesen das Lebenslicht aus und lehrt uns eine wichtige Lektion: Was anderen passt, muss Ihnen noch lange nicht passen. Das Hemd eines Königs ist nicht unbedingt Ihre Kragenweite!
Nur weil jemand Ihnen eine Rüstung reicht, müssen Sie sie noch lange nicht tragen. Nur weil jemand Ihnen einen Rat, einen Job oder eine Beförderung anbietet, sind Sie nicht verpflichtet, dies anzunehmen. Sie sind einzigartig und das soll Ihren Lebenspfad bestimmen.

„Die mit einem festen Sinn umgibst du mit Frieden, weil sie ihr Vertrauen auf dich setzen!"
(Jesaja 26,3).

Aus: Ganz du selbst

26. September

Nicht leicht

> Wie können Sie […] in den Himmel kommen?
> Glauben Sie nur.

Nehmen Sie das Werk an, das schon getan wurde: das Werk Jesu am Kreuz. […] Nehmen Sie die Güte Jesu Christi an. Geben Sie Ihre eigenen guten Werke auf und nehmen Sie seine an. Geben Sie Ihren eigenen Anstand auf und nehmen Sie seinen an. Treten Sie in seinem Namen vor Gott und nicht in Ihrem. […]
Ist es wirklich so einfach? Es ist wirklich so einfach. So leicht ist es? Da war absolut nichts Leichtes daran. Das Kreuz war schwer, das Blut war real und der Preis war ungeheuer hoch. Sie und ich wären darüber bankrottgegangen; deshalb bezahlte er den Preis für uns. Nennen Sie das einfach. Nennen Sie das ein Geschenk. Aber nennen Sie es nicht leicht.
Nennen Sie es beim richtigen Namen.
Nennen Sie es Gnade.

Aus: GOTT GANZ VERTRAUEN

27. September

Genau hinschauen

Schauen Sie sich an: Ihre unglaubliche Begabung mit Zahlen. Ihr unstillbarer Wissensdurst in Chemie. Andere starren auf Entwürfe und gähnen; Sie jedoch können nicht genug davon bekommen. „Genau dafür wurde ich geschaffen", sagen Sie. Hören Sie auf Ihre innere Melodie. Niemand sonst hört sie so wie Sie. [...] Unser Schöpfer gibt seinen Leuten Aufgaben *„jeweils ihren Fähigkeiten entsprechend"* (MATTHÄUS 25,15).

So wie er beruft, rüstet er auch aus. Schauen Sie auf Ihr Leben zurück. Was ist Ihnen immer wieder gut gelungen? Was hat Ihnen Freude gemacht? Am Schnittpunkt zwischen Ihren Vorlieben und Ihren Erfolgen finden Sie Ihre Einzigartigkeit.

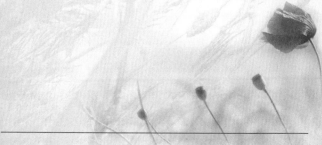

AUS: GANZ DU SELBST

28. September

Unser Name

Gott kennt unseren Namen.
Und er wird ihn nie vergessen.

„Siehe, ich hab dich in meine Handflächen gezeichnet"
(Jesaja 49,16).

Das ist doch ein gewaltiger Gedanke, oder nicht? Unser Name auf Gottes Hand. Unser Name auf Gottes Lippen. Vielleicht haben wir unseren Namen schon an einigen besonderen Orten stehen sehen. Auf einer Auszeichnung oder einem Diplom oder an einer Tür aus Walnussholz. Oder wir haben unseren Namen möglicherweise schon von einer wichtigen Person gesprochen gehört, von einem Trainer, einem Prominenten, einem Lehrer. Aber sich vor Augen zu führen, dass unser Name auf Gottes Hand steht und auf Gottes Lippen liegt – ist das nicht unglaublich?

Aus: Geborgen in Gottes Arm

29. September

Jesus trinken

Haben Sie Durst? Sehnen Sie sich danach, Ihre Angst, Unsicherheit und Schuld fortzuspülen?
Es ist möglich. Schauen Sie, an wen seine Einladung gerichtet ist. *„Wenn jemand Durst hat, soll er zu mir kommen und trinken"* (JOHANNES 7,37, Hervorhebung des Autors). Sind Sie jemand? Wenn ja, kommen Sie zum Brunnen. Dieses Wasser ist für Sie da.

Menschen jeden Alters, jeden Geschlechts und jeder Rasse sind eingeladen. Schurken, Schufte, Halunken und Tölpel, alle sind willkommen. […] Man muss nur der Anordnung nachkommen, was – oder, besser gesagt, wen – man trinken soll: ihn. Wenn Jesus das tun soll, was Wasser tut, müssen Sie ihn tief, ganz tief in Ihr Herz eindringen lassen.

AUS: DURST

30. September

Gott widerspiegeln

Nachdem Mose der Herrlichkeit Gottes begegnet war, spiegelte sein Gesicht die Herrlichkeit Gottes wider.

*„Das Volk Israel (konnte) nicht einmal den Anblick von Moses Gesicht ertragen [...]
Denn sein Gesicht strahlte die Herrlichkeit Gottes aus"*
(2. Korinther 3,7).

Nachdem Mose Gott begegnet war, spiegelte er automatisch Gott wider. Der Glanz, den er sah, war der Glanz, zu dem er wurde. Betrachten führt zu Werden. Werden führt zum Widerspiegeln.

Aus: Es geht nicht um mich

1. Oktober

Das Leben eines Kindes

Denken Sie über das nach, was er getan hat.
Er hat seinen Sohn gegeben. Seinen einzigen Sohn.
Würden Sie das tun? Würden Sie das Leben Ihres
Kindes für einen anderen Menschen hingeben?
Ich nicht.
Es gibt Menschen, für die ich mein Leben geben
würde. Doch wenn Sie mich bitten, eine Liste der
Menschen zu erstellen, für die ich meine Tochter töten
würde, so bliebe das Blatt Papier leer. Ich brauche
keinen Stift. Auf dieser Liste stehen keine Namen.
Doch Gottes Liste enthält den Namen eines jeden
Menschen, der jemals gelebt hat. So weit reicht seine
Liebe. Und darin liegt der Grund für das Kreuz.
Er liebt die Welt.

*„Also hat Gott die Welt geliebt,
dass er seinen eingeborenen Sohn gab"*
(JOHANNES 3,16).

AUS: *WEIL DU ES IHM WERT BIST*

2. Oktober

Ein Blick auf die Zuschauertribüne

Gott *ist* für Sie. Nicht „vielleicht" oder „ist gewesen",
nicht „war einmal" oder „wäre", sondern „Gott ist"!
Er *ist* für Sie. Heute. […] Sie brauchen nicht Schlange zu
stehen oder morgen wiederzukommen. Er ist bei Ihnen.
Er könnte nicht näher sein als in dieser Sekunde. Seine
Treue wächst nicht, wenn Sie besser werden, und wird
nicht weniger, wenn Sie schlechter werden. […] Werfen
Sie einen Blick auf die Zuschauertribüne; da ist Gott
und feuert Ihren Lauf an.
Und an der Ziellinie klatscht er Ihnen Beifall.
Hören Sie, wie von den Stehplätzen her Ihr Name
ertönt? Es ist Gott, der Ihren Namen ruft! Zu müde,
um weiterzulaufen?
Er wird Sie tragen. Zu entmutigt für den Kampf?
Er richtet Sie auf. Gott ist für Sie.

Aus: In Schattenzeiten Gott begegnen

3. Oktober

Der Unterschied zwischen Sonntagmorgen und Mittwochnachmittag

Der Himmel kennt keinen Unterschied zwischen Sonntagmorgen und Mittwochnachmittag. Gott möchte am Arbeitsplatz so deutlich zu uns sprechen wie im Gottesdienst. Er möchte geehrt werden, wenn wir beim Abendessen sitzen, und nicht nur, wenn wir zum Abendmahl kommen. Vielleicht denken Sie tagelang nicht an ihn, aber es vergeht kein Augenblick, in dem er nicht an Sie denkt.

Aus: Gott ganz vertrauen

4. Oktober

Im Licht

Wenn ich die Gesinnung von Jesus habe, warum denke ich dann noch so oft menschlich? […] Wenn Jesus in mir wohnt, warum bin ich dann immer noch über Verkehrsstaus erbost? Unsere Seele ist bereits gerettet, aber unser Herz unverändert – wir sind an den Strom angeschlossen.

Wir nehmen die Erlösung durch Christus in Anspruch, aber widersetzen uns der Umwandlung. Gelegentlich betätigen wir kurz den Schalter, aber die meiste Zeit begnügen wir uns mit Halbdunkel. Was würde geschehen, wenn wir das Licht anließen?

Aus: Werden wie Jesus

5. Oktober

Alles für ihn

Gott hat Sie und mich heute Morgen zu
einem einzigen Zweck aufgeweckt:

*„Erzählet unter den Heiden seine Herrlichkeit und unter
allen Völkern seine Wunder!"* (1. Chronik 16,24).
*„Denn alles kommt von ihm; alles besteht durch seine
Macht und ist zu seiner Herrlichkeit bestimmt. Ihm
gehört die Ehre in Ewigkeit!"* (Römer 11,36).
*„Wir aber wissen, dass es nur einen Gott gibt, den Vater,
der alles erschaffen hat und **für den wir leben**"*
(1. Korinther 8,6; Hervorhebung des Autors).

Warum dreht sich die Erde? Für ihn.
Warum haben wir Talente und Fähigkeiten? Für ihn.
Warum haben Sie Geld oder warum sind Sie arm?
Für ihn.
Alles für ihn.
Alles ist da, um seine Herrlichkeit sichtbar
werden zu lassen.
Auch Sie.

Aus: *Es geht nicht um mich*

6. Oktober

Die kleinen Dinge

Wenn es um die ganz großen Schwierigkeiten wie Tod, Krankheit, Sünde und Katastrophen geht, wissen wir, dass Gott sich dafür interessiert. Aber was ist mit den kleineren Dingen? Mit einem griesgrämigen Chef, einem platten Reifen oder einem vermissten Hund? Wie steht es mit zerbrochenem Geschirr, verspäteten Flügen, Zahnschmerzen oder einer abgestürzten Festplatte? Woher wissen wir, dass Gott sich für uns persönlich interessiert? Aus der scheinbar einfachen Tatsache, dass wir Gottes Kinder sind.

AUS: *GEBORGEN IN GOTTES ARM*

7. Oktober

Still sein

Manchmal kommt die Zeit, in der es besser ist, zu schweigen und zuzuhören. Es gibt Momente, in denen Worte nur stören, in denen Schweigen die höchste Ehrerbietung ausdrückt. Das Wort für solche Zeiten heißt *Ehrfurcht*. Jesus lehrte uns, mit Ehrfurcht zu beten, als er in das Vaterunser die Bitte aufnahm: *„Geheiligt werde dein Name."* Diese Worte sind ein Wunsch, keine Bekanntmachung. Eine Forderung, keine Ankündigung. *„Werde geheiligt, Herr."* Tue alles, was erforderlich ist, um in meinem Leben heilig zu sein. Nimm deinen rechtmäßigen Platz auf dem Thron ein. Erhöhe dich. Werde groß. Verherrliche dich.
Sei du der Herr, ich werde still sein.

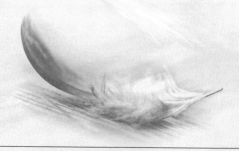

Aus: In Schattenzeiten Gott begegnen

8. Oktober

Wohin mit der Schuld?

Als Gott Adam erschuf, erschuf er ihn ohne die Fähigkeit, mit seiner Schuld fertig zu werden. Warum? Weil er ihn nicht zum Sündigen erschaffen hatte. Aber Adam fiel in Sünde, und damit musste er sich ihr stellen. Doch als Gott ihm nachging, um ihm zu helfen, bedeckte er seine Nacktheit und versteckte seine Scham.

Wir Menschen sind unfähig, selbst mit unserer Schuld fertig zu werden. Wir brauchen jemanden, der uns hilft. Um mir selbst vergeben zu können, brauche ich zunächst die Vergebung dessen, den ich mit meiner Sünde verletzt habe – also Gottes.

Aus: Staunen über den Erlöser

9. Oktober

Alles zur Ehre Gottes

Gott gebraucht, was er will, um seine Herrlichkeit zu zeigen. Den Himmel und die Sterne. Die Geschichte und verschiedene Völker. Menschen und Probleme. Eine vorübergehende Zeit des Leidens ist, verglichen mit der Belohnung, eine kleine Aufgabe.
Beleuchten Sie Ihr Problem neu, anstatt darüber zu klagen. Denken Sie über ihre Situation nach.
Und vor allem – gebrauchen Sie Ihre Krisen. Gebrauchen Sie Ihre Lebenskämpfe zur Ehre Gottes.

Aus: Es geht nicht um mich

10. Oktober

Versiegelt

Als wir Christus als unseren Herrn annahmen, versiegelte Gott uns mit dem Heiligen Geist.

*"Ihr habt an Christus geglaubt,
und er hat euch mit dem Siegel seines Heiligen Geistes,
den er vor langer Zeit zugesagt hat,
als sein Eigentum bestätigt"*
(Epheser 1,13).

Wenn die Störenfriede der Hölle kommen und uns von Gott wegziehen wollen, spricht das Siegel gegen sie. Gott hat uns gekauft, wir sind sein Eigentum, er passt auf uns auf. Gott hat für uns einen so hohen Preis bezahlt, dass er uns nicht ungeschützt lässt. Paulus schreibt an anderer Stelle:

*"Denkt ... daran, dass ihr sein Siegel tragt und
dadurch die Gewissheit habt,
dass der Tag der Erlösung kommen wird"*
(Epheser 4,30).

Aus: Durst

11. Oktober

Eine göttliche Botschaft

„Ich fühle mich (…) den Menschen (…) verpflichtet"
(RÖMER 1,14), schrieb Paulus der Gemeinde in Rom.
Ihm war eine göttliche Botschaft, das Evangelium,
anvertraut worden. Nichts war Paulus wichtiger als das
Evangelium.

*„Denn ich schäme mich nicht
für die gute Botschaft von Christus.
Diese Botschaft ist die Kraft Gottes,
die jeden rettet, der glaubt"*
(RÖMER 1,16).

Paulus lebte, um die Botschaft des Evangeliums zu
überbringen. Was die Menschen von ihm dachten,
war Nebensache. Was die Menschen von Christus
dachten, war ihm wichtiger. Die Botschaft, die Paulus
überbrachte, handelte nicht von ihm.
Seine Botschaft handelte von Christus.

AUS: ES GEHT NICHT UM MICH

12. Oktober

Ein kleiner, unbedeutender Teil

Ich bin fest davon überzeugt, dass Satan ganze Bataillone von Dämonen ausbildet, die uns ins Ohr flüstern: „Was denken die Leute von dir?"
Was denken die Leute von Ihnen? Eine unheilvolle Frage. Was Menschen über uns denken, zählt nicht. Was Menschen über Gott denken, ist von größter Bedeutung. Gott will seine Ehre mit keinem andern teilen (vgl. Jesaja 42,8). Wenn Sie das nächste Mal aus dem Scheinwerferlicht geschubst werden müssen, denken Sie daran: Sie sind nur ein kleiner Teil in einer langen Kette, noch dazu ein unbedeutender Teil.

AUS: *ES GEHT NICHT UM MICH*

13. Oktober

Entscheidung für die Ewigkeit

In so vielen Lebensbereichen haben wir keine Wahl. […]
Sie haben Ihr Geschlecht nicht gewählt.
Sie haben sich Ihre Geschwister nicht ausgesucht. […]
Manchmal sind wir wütend, weil wir keine Wahl haben.
„Es ist ungerecht", behaupten wir.
Es ist ungerecht, dass ich in Armut geboren wurde oder
dass ich so schlecht singen oder nicht schneller laufen
kann. Doch die Waagschalen des Lebens
zeigten für alle Zeit auf Gerechtigkeit, als Gott einen
Baum im Garten Eden pflanzte. Alle Beschwerden
wurden zum Schweigen gebracht, als Adam und seine
Nachkommen ihren freien Willen bekamen,
die Freiheit, für die Ewigkeit die Wahl zu treffen,
die wir wünschen. Jede Ungerechtigkeit in diesem Leben wird durch die Ehre, unser Geschick in der kommenden Welt wählen zu können, ausgeglichen.

Aus: *Weil du es ihm wert bist*

14. Oktober

Ein hingerissener Liebhaber

Finden Sie es komisch, an Gott als einen hingerissenen Liebhaber zu denken? Ist es Ihnen peinlich, sich Jesus als einen liebestrunkenen Freier vorzustellen?

Wenn ja, wie können Sie sich sein Handeln sonst erklären? War es Logik, die Gott in eine Krippe legte? Hat der gesunde Menschenverstand ihn ans Kreuz gebracht? Kam Jesus aufgrund eines Naturgesetzes auf die Erde? Nein, er kam als Prinz, der ein Auge auf das Mädchen geworfen hatte, bereit, sogar mit dem Drachen zu kämpfen, wenn das erforderlich war, um ihre Hand zu gewinnen. Und genau das war erforderlich: ein Kampf mit dem Drachen der Hölle.

Er sagte:
„Ich habe dich je und je geliebt,
darum habe ich dich zu mir gezogen aus lauter Güte"
(JEREMIA 31,3; LUT).

AUS: WENN CHRISTUS WIEDERKOMMT

15. Oktober

Kind oder Steppengras?

Was nützt Wasser, wenn man es nicht trinken kann?
Und was nützt Gnade, wenn man
sie nicht tief eindringen lässt?
Tun Sie das? Welches der beiden Bilder
beschreibt Ihr Herz am besten? Ein durchnässtes Kind,
das vor einem offenen Hydranten tanzt,
oder ausgetrocknetes Steppengras?
Sie können es wissen, wenn Sie die folgende Frage
beantworten: Bestimmt Gottes Gnade, wer Sie sind?
Gnade, die tief in unser Wesen eindringt,
klärt ein für alle Mal, wer wir sind.

Aus: Durst

16. Oktober

Von der Gnade bestimmt

Je mehr die Gnade in Sie eindringt, umso mehr verblassen die irdischen Etiketten. Die Gesellschaft stempelt Sie ab, etikettiert Sie wie eine Konservendose auf dem Fließband. Dumm, nicht kreativ, lernt langsam, spricht unüberlegt, Drückeberger, Geizkragen. Doch in dem Maße, wie die Gnade eindringt, löst sich die Kritik auf. Sie wissen, dass Sie nicht das sind, was die anderen sagen. Sie wissen, dass Sie das sind, was Gott sagt. Sie sind geistlich lebendig, Sie haben einen Platz im Himmel, Sie sind mit dem Vater verbunden, Sie sind eine Bestätigung von Gottes Barmherzigkeit und sein geehrtes Kind.

Aus: Durst

17. Oktober

Wer bin ich?

Wer bin ich, dass ihn mein eingewachsener Fußnagel
interessieren könnte!
Wir sind Erben Gottes und Miterben von Christus
(vgl. Römer 8,17).
Wir gehören in die Ewigkeit, wie die Engel
(vgl. Lukas 20,36).
Wir besitzen eine unvergängliche Krone
(vgl. 1. Korinther 9,25).
Wir sind heilige Priester (vgl. 1. Petrus 2,5) und liebevoll gehütetes Eigentum (vgl. 2. Mose 19,5).
Wir wurden vor der Schöpfung der Welt erwählt
(vgl. Epheser 1,4). Wir sind dazu bestimmt, gerühmt,
gepriesen und geehrt zu werden und ein Volk zu sein,
das Gott dem Herrn heilig ist (vgl. 5. Mose 26,19).

Aus: Geborgen in Gottes Arm

18. Oktober

Mitten im Sturm

Man richtet sich nicht nach einem anderen Boot aus.
Und vor allen Dingen starrt man nicht auf die Wellen.
Man richtet den Blick auf einen Gegenstand,
der vom Wind nicht beeinflusst wird
– ein Licht am Ufer –, und steuert gerade darauf zu.
Das Licht wird vom Sturm nicht beeinflusst.
Sie tun etwas Vergleichbares, wenn Sie Gott
aufsuchen. Wenn Sie Ihren Blick auf unseren Gott
richten, dann konzentrieren Sie sich auf den, der jeden
Sturm bezwingen kann, den das Leben bringen mag.

Aus: In Schattenzeiten Gott begegnen

19. Oktober

Ein guter Gärtner

Ein guter Gärtner wird alles Nötige tun, damit ein Weinstock gute Früchte trägt. Um welche Art von Frucht geht es Gott? Um Liebe, Freude, Friede, Geduld, Freundlichkeit, Güte, Treue, Sanftmut und Selbstbeherrschung (siehe Galater 5,22-23).
Dies ist die Frucht des Geistes. Und das ist es, was Gott gern in uns sehen möchte. Und wie ein sorgfältiger Gärtner wird er alles stutzen und abschneiden, was dem entgegensteht. […]

„Eine jede Rebe an mir, die keine Frucht bringt, wird er wegnehmen"
(JOHANNES 15,2; LUT).

Das griechische Verb für „wegnehmen" – *airo* – hat mindestens zwei Bedeutungen: Die eine lautet „abschneiden" und die andere „aufheben" oder „hochheben". Ich glaube, dass hier beide Bedeutungen eingeschlossen sind. Bevor Gott eine unfruchtbare Rebe abschneidet, hebt er sie hoch.

AUS: *GOTT GANZ VERTRAUEN*

20. Oktober

Tick, tick, tick

Der Teufel baut Taxameter in unsere Köpfe ein. Wir hören das unerbittliche Tick, tick, tick, das uns zur Eile, Eile, Eile antreibt, Zeit ist Geld … am Ende sind wir weniger die menschliche Rasse als das menschliche Rennen! Aber Jesus lässt sich nicht mitreißen und setzt dem Hetzen und Jagen seine Worte entgegen:

„Kommt alle her zu mir, die ihr müde seid und schwere Lasten tragt, ich will euch Ruhe schenken"
(Matthäus 11,28).

Folgen Sie dem Beispiel Jesu, der sich
„immer wieder zum Gebet in die Wüste zurück[zog]"
(Lukas 5,16).

Aus: Ganz du selbst

21. Oktober

Gut gemacht!

Gott hat Sie in diesem Leben mit Stärken überhäuft und Ihnen ein Versprechen für das zukünftige Leben gegeben. Sie können sich weit vorwagen, denn er lässt Sie nicht fallen. Riskieren Sie etwas, er wird Sie nicht versagen lassen. Er lädt Sie ein, von dem Tag zu träumen, an dem seine Hand auf Ihrer Schulter und seine Augen auf Ihrem Gesicht ruhen werden.
„Gut gemacht", wird er sagen,
„du guter und treuer Diener."

Aus: Ganz du selbst

22. Oktober

Den Hirten im Auge behalten

Eine Herde Schafe, die Beine angewinkelt,
umringt einen Hirten. Bäuche, die sich
tief in die langen Schösslinge des Grases schmiegen.
Ein stiller Teich auf der einen Seite,
der wachende Hirte auf der anderen.

*„Er weidet mich auf einer grünen Aue und
führet mich zum frischen Wasser"*
(PSALM 23,2; LUT).

Achten wir einmal auf die zwei Personalpronomen,
die den beiden Verben vorausgehen. Er weidet mich.
Er führt mich. Wer ist hier aktiv? Wer trägt die
Verantwortung? Der Hirte. Der Hirte wählt den Weg
aus und bereitet die Weide vor. Die Aufgabe der Schafe
– also unsere Aufgabe – ist, den Hirten im Auge zu
behalten. Haben wir unsere Augen auf den Hirten
gerichtet, werden wir Schlaf finden können.

AUS: *GEBORGEN IN GOTTES ARM*

23. Oktober

Ehrgeizige Pläne

*"Und der Geist des Herrn wirkt in uns,
sodass wir ihm immer ähnlicher werden und
immer stärker seine Herrlichkeit widerspiegeln"*
(2. Korinther 3,18).

Es besteht kein Zweifel daran: Gott hat ehrgeizige Pläne mit uns. Der, der Ihre Seele erlöst hat, sehnt sich danach, Ihr Herz umzugestalten. Sein Plan bedeutet nichts Geringeres als eine völlige Umwandlung:

*"Denn Gott hat sie schon vor Beginn der Zeit
auserwählt und vorbestimmt,
seinem Sohn gleichzuwerden"*
(Römer 8,29).

Aus: Werden wie Jesus

24. Oktober

Jesus und ...

Paulus verkündete reine Gnade. Keine Mischungen, keine Zusätze, keine Änderungen. [...]
Beim Thema Beschneidung stellen wir uns schnell auf die Seite von Paulus. [...] Aber wie steht es damit:
Jesus und Evangelisation: „Wie viele Menschen hast du in diesem Jahr zu Christus geführt?"
Jesus und Spenden: „Gibst du der christlichen Gemeinde alles, was du geben kannst?"
Jesus und Mystizismus: „Du tust doch Buße und betest zur Jungfrau Maria, oder?"
Jesus und geistliches Erbe: „Wurdest du im Glauben erzogen?"
Jesus und Lehre: „War bei deiner Taufe das Wasser fließend oder still? Tief oder nur fußhoch? Warm oder kalt?"
Gesetzlichkeit. Die Theologie von „Jesus und ...".

Aus: Es geht nicht um mich

25. Oktober

Denen, die Gott lieben

In der Bibel steht, dass *„denen, die Gott lieben, alle Dinge zum Besten dienen".* [...]
Ersetzen Sie den Ausdruck „alle Dinge" durch das Symbol Ihrer Tragödie. [...]
Wie würde Römer 8,28 in Ihrem Leben lauten?
„Wir wissen, dass denen, die Gott lieben, *Krankenhausaufenthalte* zum Besten dienen."
„Wir wissen, dass denen, die Gott lieben, ein *Scheidungsurteil* zum Besten dient."
„Wir wissen, dass denen, die Gott lieben, eine *Haftstrafe* zum Besten dient." [...]

Auch wenn es vielleicht schwer zu glauben ist, vielleicht steht nur noch ein Samstag zwischen Ihnen und der Auferstehung. Vielleicht trennen Sie nur noch Stunden von jenem kostbaren Gebet eines veränderten Herzens: „Gott, hast du das für mich getan?"

Aus: Weil du es ihm wert bist

26. Oktober

Die wahre Liebe

Ist Ihr Selbstwertgefühl manchmal im Keller?
Wenn ja, dann erinnern Sie sich an das,
was Sie wert sind.

*„Denn ihr wisst,
dass Gott euch nicht mit vergänglichen Werten
wie Silber oder Gold losgekauft hat von eurem
früheren Leben, das ihr gelebt habt wie schon
Generationen vor euch. Er bezahlte für euch mit dem
kostbaren Blut von Jesus Christus, der rein und ohne
Sünde zum Opferlamm Gottes wurde"*
(1. Petrus 1,18-19).

Machen Sie sich Sorgen, ob diese Liebe fortbestehen
wird? Das brauchen Sie nicht.

*„Und das ist die wahre Liebe:
Nicht wir haben Gott geliebt, sondern er hat uns zuerst
geliebt und hat uns seinen Sohn gesandt,
damit er uns von aller Schuld befreit"*
(1. Johannes 4,10).

Aus: Wenn Christus wiederkommt

27. Oktober

Schwach

„Der Heilige Geist hilft uns in unserer Schwäche"
(Römer 8,26).

Dieser Satz verdient es, mit dem Textmarker hervorgehoben zu werden. Wer bräuchte diese Erinnerung nicht? Schwache Körper, schwacher Wille, geschwächte Entschlusskraft, wir kennen sie alle. Das Wort „Schwäche" kann sich auf körperliche Gebrechlichkeit beziehen wie bei dem Gelähmten, der achtunddreißig Jahre lang nicht gehen konnte (Johannes 5,5), oder auf geistliche Kraftlosigkeit wie bei den geistlich Hilflosen aus Römer 5,6.

Gleichgültig, ob wir schwach an Körper oder Seele oder an beidem sind, es ist gut zu wissen, dass es nicht auf uns ankommt, denn in Römer 8,26 steht, dass der Heilige Geist selbst für uns betet.

Aus: Durst

28. Oktober

Das Schiff des Glaubens

„Hört auf und erkennt, dass ich Gott bin"
(Psalm 46,11).

Dieser Vers enthält einen Befehl und eine Verheißung.
Der Befehl? *Hört auf. Seid still. Legt die Hand auf den
Mund. Beugt eure Knie.* Die Verheißung?
Ihr werdet erkennen, dass ich Gott bin.

Das Schiff des Glaubens fährt auf ruhigen Wassern.
Der Glaube kommt auf den Flügeln des Wartens
voran. Achten Sie darauf, in Ihren täglichen Stürmen
und auch in dem Sturm, der über unser Land, ja die
ganze Welt hinweggefegt ist, still zu werden und
Ihren Blick auf Gott zu richten.

Aus: *In Schattenzeiten Gott begegnen*

29. Oktober

Gott ist mit uns

Gott ist *mit* uns. Ist „mit" nicht ein prima Wort? *„Willst du mit mir gehen?"*, fragen wir. *„Zum Einkaufen, ins Krankenhaus, durchs Leben?"* Gott sagt, dass er das will. „Ich bin immer bei euch", sagt Jesus, bevor er zum Himmel auffährt, *„bis ans Ende der Zeit"* (MATTHÄUS 28,20). Dieses Versprechen gilt uneingeschränkt. Da heißt es nicht: *„Ich werde bei dir sein, wenn du dich benimmst"*, oder: *„wenn du glaubst"*, und auch nicht: *„Ich werde sonntags in der Lobpreiszeit bei dir sein"*, oder: *„Ich werde in der Messe bei dir sein."* Nein, nichts davon. Er behält sich nicht etwas vor bei diesem Versprechen. Er ist mit uns. Gott ist mit uns.

AUS: GANZ DU SELBST

30. Oktober

Gottes Behandlungszentrum

Gehen Sie nicht an dem Ort vorbei, an dem Sie Ihren Platz finden und Ihre Wunden geheilt werden. Gott heilt seine Familie durch seine Familie. In der Gemeinde nutzen wir unsere Gaben, um einander zu lieben, uns gegenseitig zu ehren, um ein Auge auf Unruhestifter zu halten und um einander die Lasten zu tragen. Brauchen Sie Ermutigung, Gebete oder Gastfreundschaft? Gott hat diese Schätze der Gemeinde anvertraut, damit sie sie zur Verfügung stellt. Betrachten Sie die Gemeinde als Gottes Behandlungszentrum für das graue Alltagsleben.

Aus: Ganz du selbst

31. Oktober

Jesus, der Erlöser

Er schaute über den Hügel und sah ein Bild voraus.
An drei Kreuzen hingen drei Gestalten.
Mit weit auseinandergestreckten Armen und nach vorne gefallenem Kopf. Sie stöhnten mit dem Wind.
Männer in Soldatenuniform saßen auf dem Boden in der Nähe der drei. [...] Männer in religiösen Gewändern standen auf einer Seite. Sie lächelten.
Arrogant, hochnäsig. [...] Von Gram erfüllte Frauen drängten sich am Fuß des Hügels aneinander. [...]
Tränen liefen über ihr Gesicht. [...]
Der ganze Himmel stand kampfbereit. Die ganze Natur erhob sich, um dazwischenzutreten. Die ganze Ewigkeit war bereit, einzugreifen.

Doch der Schöpfer gab keinen Befehl.
„Es muss getan werden …",
sagte er und zog sich zurück. [...]
Der Engel sprach [...]: „Es wäre weniger schmerzlich …"
Der Schöpfer unterbrach ihn sanft:
„Aber es wäre keine Liebe."

AUS: *RUHE IM STURM*

1. November

Bungee-Seil für unsere Seele

Die Erlösung durch Jesus ist das Bungee-Seil
für unsere Seele.
Vertrauen Sie Jesus und springen Sie. […]

Menschen, die eine starke Betonung auf äußere Gesetzesvorschriften legen, schieben Christus nicht beiseite. Sie setzen viel Vertrauen auf ihn. Doch sie setzen ihr Vertrauen nicht auf Christus allein. Wir sind versucht, Gesetzlichkeit als harmlos abzutun. Schließlich sehen gesetzeskonforme Christen gut aus. Sie handeln fromm, sie fördern sittliches Verhalten, Anstand und ein achtbares Leben. Oder ist etwas an ihrer Botschaft nicht richtig? Paulus antwortet mit einem lauten „Ja!". Gesetzlichkeit achtet Gott geringer und bringt uns durcheinander.

Aus: Es geht nicht um mich

2. November

Ein unglaubliches Angebot

Er hat uns [...] zu sich gerufen und uns eingeladen, einen Stammplatz an seinem Tisch einzunehmen. Wenn wir unseren Platz neben den anderen Sündern, die zu Heiligen gemacht worden sind, einnehmen, dann haben wir teil an der Herrlichkeit Gottes. [...] Wir besitzen (das müssen wir uns einmal klarmachen!) jeden nur möglichen geistlichen Segen:

*„Gelobt sei Gott,
der Vater unseres Herrn Jesus Christus,
der uns gesegnet hat mit allem geistlichen Segen
im Himmel durch Christus"*
(EPHESER 1,3; LUT).

Das ist das Geschenk, das auch dem schlimmsten Sünder auf Erden angeboten wird. Wer außer Gott könnte so ein Angebot machen?

AUS: GEBORGEN IN GOTTES ARM

3. November

Die Macht des Gebets

Der Apostel Johannes schrieb die Geschichte von
Lazarus auf und achtete darauf, die Reihenfolge
aufzuzeigen: Die Heilung begann, als die Bitte
ausgesprochen wurde. Der Satz, den der Freund von
Lazarus gebrauchte, ist bemerkenswert. Als er Jesus
von der Krankheit berichtete, sagte er: „Herr, der, den
du lieb hast, ist krank." Er gründete seine Bitte nicht
auf die unvollkommene Liebe des Menschen in Not,
sondern auf die vollkommene Liebe von Jesus.
Er sagte nicht: „Der, der dich lieb hat, ist krank."
Er sagt: „Der, den du lieb hast, ist krank."
Mit anderen Worten: Die Macht des Gebetes hängt
nicht von dem ab, der das Gebet spricht,
sondern von dem, der das Gebet hört.

AUS: *IN SCHATTENZEITEN GOTT BEGEGNEN*

4. November

Geschenke Gottes

Haben Sie manchmal das Gefühl, nichts zu haben? Dann schauen Sie auf all die Geschenke, die er Ihnen gegeben hat: Er hat seine Engel geschickt, damit sie sich um Sie kümmern, seinen heiligen Geist, damit er in Ihnen wohnt, seine Gemeinde, um Sie zu ermutigen, und sein Wort, um Sie zu führen.
Sie haben Sonderrechte, wie sie nur eine Braut haben kann. Er hört zu, wann immer Sie sprechen; er reagiert auf jede Ihrer Bitten. Er lässt nie zu, dass Sie zu sehr versucht werden oder zu weit straucheln. Wenn eine Träne auf Ihre Wange fällt, so ist er da, um sie abzuwischen. Wenn Sie ein Liebeslied singen, hängt er an Ihren Lippen. So sehr Sie ihn auch sehen möchten, er will Sie noch viel mehr sehen.

Aus: Wenn Christus wiederkommt

5. NOVEMBER

Unsere Wohnung

Glauben Sie nicht, dass Sie von Gott getrennt sind, er ganz oben auf einer hohen Leiter und Sie ganz unten. Hören Sie nicht auf irgendwelche Gedanken, die Ihnen einflüstern, dass Gott auf einem fernen Stern wohnt, während Sie auf der Erde leben. Da Gott Geist ist (Johannes 4,24), ist er Ihnen nahe: Gott selbst ist unser Dach. Gott selbst ist unsere Mauer. Und Gott selbst ist unser Fundament.

Mose wusste das. „Herr", betete er, „du bist unsere Wohnung gewesen von Geschlecht zu Geschlecht" (Psalm 90,1). Was für eine Vorstellung: Gott ist Ihre Wohnung!

Aus: Das Haus Gottes

6. November

Staubkörnchen

Johannes sagt:
„Das Blut Jesu reinigt uns von jeder Schuld"
(1. Johannes 1,7).

Mit anderen Worten, wir werden unaufhörlich gereinigt. Das Reinigen ist nicht ein Versprechen für die Zukunft, sondern betrifft unsere Gegenwart. Sobald ein Staubkörnchen auf die Seele eines Heiligen fällt, wird es weggewaschen. Sobald ein Schmutzfleck auf das Herz eines Kindes Gottes gelangt, wird der Dreck weggewischt. Jesus wäscht immer noch die Füße seiner Jünger. […]
Unser Retter kniet nieder und betrachtet die dunkelsten Taten unseres Lebens. Doch er schaudert nicht entsetzt zurück, sondern streckt freundlich die Hand aus und sagt:

„Ich kann dich reinwaschen, wenn du willst."

Aus: Werden wie Jesus

7. November

Noch nicht zu Hause

Wir haben eine ewige Adresse, die in unserer Seele haftet. Gott hat *„die Ewigkeit in die Herzen der Menschen gelegt"* (PREDIGER 3,11). Tief in unserem Inneren wissen wir, dass wir noch nicht zu Hause sind. Deshalb müssen wir darauf achten, uns nicht so zu verhalten, als wären wir es doch. Obwohl unsere Augen fest auf den Himmel gerichtet sind, ist die Reise für einige von uns lang geworden. Sehr lang und stürmisch. […]

Folgendes müssen wir uns in Erinnerung rufen: Gott hat nie behauptet, dass die Reise leicht werden würde, aber er hat gesagt, dass die Ankunft das Ganze wert sein wird.

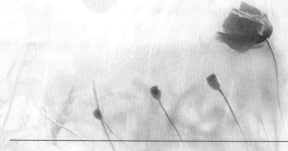

AUS: GEBORGEN IN GOTTES ARM

8. November

Gott kennt uns

Jede Tat, die Sie gegen Gott begangen haben
– denn jede Sünde richtet sich gegen Gott –,
kennt Jesus. Er kennt Ihre Vergehen besser als Sie. Er
kennt ihren Preis. Denn er hat ihn bezahlt. […] Christus nahm unseren Platz ein.

*„Auch Christus hat gelitten,
als er ein für alle Mal für unsere Sünden starb.
Er hat nie gesündigt, aber er starb für die Sünder,
um uns zu Gott zurückzubringen"*
(1. Petrus 3,18).

Christus befreit Sie von Ihrer Schuld und gleichzeitig
von Ihrer Durchschnittlichkeit. Sie müssen nicht mehr
sagen: „Niemand kennt mich." Gott kennt Sie.
Er hat Ihren Namen in seine Handflächen geschrieben
und sammelt Ihre Tränen in einem Gefäß
(vgl. Jesaja 49,16; Psalm 56,9).

Aus: *Ganz du selbst*

9. November

Kein Blatt ...

Die ganze Bibel, vom Alten bis zum Neuen Testament, von den Propheten über die Dichter bis hin zu den Propheten, verkündet konsequent diese Botschaft: Gott lenkt die Geschichte der Menschheit. Paulus schrieb, dass Gott der gnädige und allein allmächtige Gott ist, der König der Könige und Herr der Herren (1. Timotheus 6,15).

Kein Blatt fällt zu Boden, ohne dass Gott es weiß. Kein Delphin bringt ohne Gottes Erlaubnis ein Junges zur Welt. Keine Welle klatscht ohne seine Berechnung am Ufer auf. Gott ist noch nie überrascht worden. Nicht ein einziges Mal.

Aus: Durst

10. November

Gnade schenkt Frieden

Paulus fragt alle, die versuchen,
sich den Himmel zu verdienen:

*„Wieso nur wollt ihr nun wieder ohnmächtigen und
armseligen Elementen dieser Welt dienen? [...]
Wo ist nur eure Freude von damals geblieben?"*
(Galater 4,9.15).

Gesetzlichkeit ist freudlos, weil Gesetzlichkeit endlos ist. Es gibt immer noch eine Klasse zu besuchen, eine Person zu belehren, einen Mund zu füttern. Menschen, die in Selbsterlösung gefangen sind, finden haufenweise etwas zu tun, aber sie finden keine Freude. Wie könnten sie auch? Sie wissen nie, wann sie fertig sind. Denn ihre Verpflichtungen enden nie. Gesetzlichkeit ruiniert Freude. Gnade dagegen schenkt Frieden.

Aus: *Es geht nicht um mich*

11. November

Entweder oder

*„Er war Gott gleich, hielt aber nicht daran fest,
wie Gott zu sein, sondern entäußerte sich und wurde
wie ein Sklave und den Menschen gleich. (…)
er erniedrigte sich und war gehorsam bis zum Tod,
bis zum Tod am Kreuz"*
(Philipper 2,7-8).

Man kann nicht gleichzeitig sowohl den einen als auch den anderen Ruf verteidigen. Entweder man macht Gott groß und vergisst sein eigenes Ansehen. Oder man stellt sich selbst gut dar und kümmert sich nicht um Gottes Ehre. Wir müssen uns entscheiden. In dem Maß, wie wir bereit sind, unser gewöhnliches Leben aufzugeben, gewährt uns Gott ein außergewöhnliches Leben.

Aus: Ganz du selbst

12. November

Heiligkeit

Johannes der Täufer weihte sich einer einzigen
Aufgabe: eine Stimme Christi zu sein. Alles in seinem
Leben konzentrierte sich auf diese Aufgabe.
Seine Kleidung. Seine Ernährungsweise. Sein Handeln.
Seine Forderungen. […]

Er erinnert uns an diese Wahrheit: „Heiligkeit hat
etwas Attraktives." Man braucht der Welt nicht gleich
zu sein, um die Welt zu beeinflussen. Man braucht der
Menge nicht gleich zu sein, um die Menge zu
verändern. Man braucht nicht auf ihre Ebene hinab-
zusteigen, um sie auf die eigene Ebene hinaufzuziehen.
Doch verschroben braucht man auch nicht zu sein.
Man braucht kein Gewand aus Kamelhaar zu tragen
oder sich von Insekten zu ernähren. Heiligkeit
trachtet nicht danach, seltsam zu sein. Heiligkeit
trachtet danach, Gott ähnlich zu sein.

Aus: Gott ganz vertrauen

13. November

Unvergleichlich

Nehmen Sie sich ein Blatt Papier und falten Sie daraus ein Flugzeug. Vergleichen Sie sich mit Ihrer Schöpfung: Machen Sie mit dem Flugzeug einen Wettkampf in Rechtschreibung. Wer wird die wenigsten Fehler haben? Fordern Sie es zu einem Wettlauf um den Wohnblock heraus. Wer ist schneller? Spielen Sie mit ihm Fußball.
Wer wird gewinnen?
Zweifellos Sie. Jede Suche nach einem Gegenstück Gottes ist vergeblich. Jede Suche nach einer gottähnlichen Person oder Stellung auf der Erde ist aussichtslos. Niemand und nichts kann mit ihm verglichen werden. Niemand gibt ihm Ratschläge. Niemand hilft ihm.

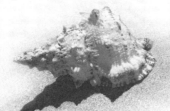

AUS: *ES GEHT NICHT UM MICH*

14. November

Das Feuer Gottes

*„Da wurden ihre Augen geöffnet,
und sie erkannten ihn. Und er verschwand vor ihnen.
Und sie sprachen untereinander: Brannte nicht
unser Herz in uns, als er mit uns redete
auf dem Wege und uns die Schrift öffnete?"*
(Lukas 24,31-32; LUT).

Finden Sie diesen Vers nicht wunderbar?
Die beiden wussten, dass sie mit Jesus zusammen
waren, weil ihr Herz brannte. Gott offenbart seinen
Willen, indem er ein Feuer in Ihrer Seele anzündet.
Er schenkte Jeremia Feuer für harte Herzen.
Er schenkte Nehemia Feuer für eine vergessene Stadt.
Er entfachte Abrahams Begeisterung für ein Land,
das er nie gesehen hatte. […]
Wollen Sie Gottes Willen für Ihr Leben erkennen?
Dann beantworten Sie diese Frage:
Wofür brennt Ihr Herz?

Aus: Das Haus Gottes

15. November

Ein brennendes Herz

Jesus kommt, um ein Feuer in Ihnen anzuzünden! Er geht wie eine Fackel von Herz zu Herz, wärmt die Kalten, taut die Erstarrten auf und entfacht die Glut unter der Asche. Manchmal ist dieses Feuer wie ein riesiger Flächenbrand, ein anderes Mal wie eine anheimelnde Kerze. Es kommt, um Infektionsherde zu reinigen und Ihren Weg zu erhellen.

Das Feuer in Ihrem Herzen erhellt Ihren Weg. Wenn Sie es außer Acht lassen, schaden Sie sich selbst. Fachen Sie es an – Sie werden dabei Freude erleben! Schüren Sie es, unterhalten Sie es! Zyniker werden es infrage stellen. Menschen, die es nicht kennen, werden sich darüber lustig machen. Aber diejenigen, die es kennen – diejenigen, die ihn kennen –, werden es verstehen.

Den Herrn kennenlernen bedeutet, brennend zu werden.

Aus: Das Haus Gottes

16. November

Zu unfassbar

Die Idee, dass Gott eine Jungfrau auswählt,
um ihn selbst zu gebären ...
Die Vorstellung, dass Gott sich eine Kopfhaut und
Zehen und zwei Augen zulegt ...
Der Gedanke, dass der König des Universums niest
und aufstößt und von Stechmücken geplagt wird ...
Es ist zu unfassbar. Zu revolutionär.
Einen solchen Retter würden wir nie erschaffen.
Wir würden es nicht wagen ...
In unseren kühnsten Fantasien würden wir keinen
König heraufbeschwören, der einer von uns würde.
Doch Gott tat es. Gott tat, wovon wir nicht
einmal zu träumen wagen. [...]
Er wurde Mensch,
damit wir ihm vertrauen können.
Er wurde zum Opfer,
damit wir ihn kennenlernen können.
Und er besiegte den Tod,
damit wir ihm nachfolgen können.

Aus: Sein Name ist Jesus

17. November

Behandlung der Wunden

Schafe verletzen sich. Aus diesem Grund untersucht der Hirte die Schafe regelmäßig, oft täglich. Er sucht nach Schnittwunden und Hautabschürfungen. Er möchte nicht, dass sich die Wunden verschlimmern. Er möchte vermeiden, dass die Wunde von heute zur Infektion von morgen wird. […]

Genau wie Schafe haben wir Wunden, doch unsere Wunden liegen im Herzen und haben ihre Ursache in immer neuer Enttäuschung. Wenn wir nicht achtgeben, führen diese Wunden dazu, dass wir bitter werden. Und deshalb haben wir wie die Schafe Behandlung nötig.

„Wir sind sein Volk, die Schafe seiner Weide"
(PSALM 100,3).

AUS: *GEBORGEN IN GOTTES ARM*

18. November

Das Drama der Erlösung

Ein Gott mit aufgesprungenen Lippen und verschwollenen, blutunterlaufenen Augen am Kreuz?
Ein Gott, dem ein Schwamm ins Gesicht geschoben und ein Speer in die Seite gestoßen wird?
Zu dessen Füßen gewürfelt wird?
Nein, wir hätten das Drama der Erlösung anders inszeniert. Doch wir wurden nicht gefragt.
Die Spieler und Requisiten wurden sorgfältig vom Himmel ausgewählt und von Gott bestimmt.
Wir wurden nicht gebeten, die Stunde festzulegen.
Doch wir werden aufgefordert, darauf zu reagieren.
Damit das Kreuz Christi das Kreuz Ihres Lebens werden kann, müssen Sie etwas zum Kreuz bringen. […]
Warum beginnen Sie nicht mit Ihren wunden Punkten?

Aus: *Weil du es ihm wert bist*

19. November

Genervt?

Hiob hatte recht, als er sagte:
„Du zerfleischst dich ja nur selbst in deiner Wut"
(Hiob 18,4).

Ist Ihnen schon einmal aufgefallen, dass wir von Menschen, die uns aufregen, sagen, dass sie nerven? Wessen Nerven leiden denn da? Sicherlich nicht die Nerven der anderen. Wir sind es, die leiden. Wenn Sie darauf aus sind, alte Rechnungen zu begleichen, dann kommen Sie nie zur Ruhe. Wie können Sie auch? Ihr Feind bezahlt vermutlich seine Schuld nie ganz. Das heißt, Sie denken, dass Sie ein Recht auf eine Entschuldigung haben, aber Ihr Schuldner ist anderer Meinung. [...] So berechtigt Ihr Wunsch nach Rache sein mag, er wird möglicherweise nie erfüllt.
Und wenn Sie recht bekommen –
wird es Ihnen genug sein?

Aus: *In Schattenzeiten Gott begegnen*

20. November

Die Behandlung des Schmerzes

Jesus stellt nicht infrage, dass Sie sich zu Recht verletzt fühlen. Er zweifelt nicht daran, dass andere sich an Ihnen versündigt haben. Die Frage ist nicht die nach dem Vorhandensein des Schmerzes, sondern die nach der Behandlung des Schmerzes.

Was werden Sie mit Ihren Schulden tun? […] Möchten Sie Frieden? Dann hören Sie auf, Ihrem Nächsten Ärger zu bereiten. Möchten Sie Gottes Großzügigkeit genießen? Dann seien Sie mit anderen großzügig. Wollen Sie die Gewissheit, dass Gott Ihnen vergibt? Ich denke, Sie wissen, was Sie zu tun haben.

Aus: *In Schattenzeiten Gott begegnen*

21. November

Gottes Liebe

Diese Liebe ist *„größer (...), als ihr je begreifen werdet"*
(Epheser 3,19).

Obwohl wir sie nicht messen können, bitte ich Sie inständig, ihr zu vertrauen. Einige unter Ihnen hungern regelrecht nach einer solchen Liebe.
Menschen, die Sie hätten lieben sollen,
haben es nicht getan.
Menschen, die Sie hätten lieben können,
wollten es nicht.
Sie wurden im Krankenhaus zurückgelassen.
Sie wurden im Alter zurückgelassen.
Sie wurden mit gebrochenem Herzen zurückgelassen.
Sie wurden mit der Frage zurückgelassen:
„Gibt es jemanden, der mich liebt?"

Bitte hören Sie auf die Antwort des Himmels.
Betrachten Sie das Kreuz und hören Sie, wie Gott Ihnen zusichert: „Ich. Ich liebe dich."

Aus: Es geht nicht um mich

22. November

Etikettenschwindel

Etiketten. So bequem. Einfach aufkleben und schon weiß man, was drinsteckt.
Was wäre, wenn Gott so mit uns umginge?
Was wäre, wenn Gott uns nach unserem äußeren Schein beurteilen würde? Was wäre, wenn er uns danach beurteilte, wie wir aufgewachsen sind? Oder womit wir unseren Lebensunterhalt verdienen? Oder welche Fehler wir in unserer Jugend begangen haben? Das würde er bestimmt nicht tun, oder?

*„Richtet nicht, damit ihr nicht gerichtet werdet.
Denn nach welchem Recht ihr richtet,
werdet ihr gerichtet werden; und mit welchem Maß
ihr messt, wird euch zugemessen werden"*
(MATTHÄUS 7,1-2).

Geben Sie acht, wenn Sie urteilen. Das heißt nicht, dass wir nicht unterscheiden sollten. Das heißt nicht, dass wir kein Urteil fällen sollten. Das Maß an Gnade, das Sie gewähren, ist das Maß an Gnade, das Sie erfahren werden.

AUS: GOTT GANZ VERTRAUEN

23. November

Wie Gott spricht

Gott offenbart seinen Willen durch eine Gemeinschaft von Glaubenden. Am ersten Ostertag sprach er durch Frauen, die zu den anderen Jüngern sprachen.

„Aber heute Morgen waren einige Frauen aus unserer Gemeinschaft schon früh an seinem Grab und kamen mit einem erstaunlichen Bericht zurück. Sie sagten, sein Leichnam sei nicht mehr da und sie hätten die Engel gesehen, die ihnen sagten, dass Jesus lebt"
(Lukas 24,22-23).

Seine Art zu wirken hat sich nicht geändert. Jesus spricht immer noch zu Jüngern durch Jünger. […] Gott hat jedem Teil des Leibes Christi eine Aufgabe zugewiesen. Eine Art und Weise, wie Gott seinen Willen offenbart, ist sein Reden durch die Gemeinde. Er spricht durch ein Glied seines Leibes zu einem anderen Glied. Dies kann in einer Bibelstunde, einer kleinen Gruppe, während des Abendmahls oder beim Kirchkaffee geschehen. Gott hat so viel Methoden, wie er Leute hat.

Aus: Das Haus Gottes

24. NOVEMBER

Schon lange ...

Lange bevor Sie wussten, dass Sie Gnade brauchen, hat Ihr Vater sich schon darum gekümmert. Er hat ein reichliches Guthaben für Sie angelegt:

„Gott dagegen beweist uns seine große Liebe dadurch, dass er Christus sandte, damit dieser für uns sterben sollte, als wir noch Sünder waren"
(RÖMER 5,8).

Bevor Sie wussten, dass Sie einen Retter brauchen, war er schon für Sie da. Und wenn Sie ihn bitten, Ihnen Gnade zu schenken, antwortet er:
„Das habe ich bereits getan, mein Kind."

AUS: GANZ DU SELBST

25. November

Ein lebensfremder Guru?

Wer ist mehr um Ihre grundlegenden Bedürfnisse besorgt als Ihr Vater im Himmel? Gott ist kein lebensfremder Guru, der nur an Mystischem und Transzendentem interessiert ist. Die Hand, die Ihre Seele leitet, gibt auch Ihrem Körper Nahrung. Derjenige, der Sie in Gerechtigkeit kleidet, kleidet Sie auch mit Textilien. In der Schule des Lebens ist Gott sowohl Lehrer als auch Koch. Er sorgt für das Feuer im Herd und gibt Nahrung für Ihren Magen. Ihre ewige Errettung und Ihr Abendessen kommen aus derselben Hand.

Aus: Das Haus Gottes

26. November

Eine feste Adresse

Gott *will* Ihr Wohnort sein. Er ist nicht daran interessiert, ein Wochenendunterschlupf oder ein Sonntagsbungalow oder ein Sommerhäuschen zu sein. Denken Sie nicht, Sie könnten Gott als Ferienwohnung oder eines Tages als Altersheim benutzen. Er will Sie jetzt und immer unter seinem Dach haben. Er will Ihre Anschrift, Ihre feste Adresse sein; er will Ihr Zuhause sein. Hören Sie auf das Versprechen seines Sohnes: *"Wer mich liebt, wird tun, was ich sage. Mein Vater wird ihn lieben, und wir werden zu ihm kommen und bei ihm wohnen"* (Johannes 14,23).

Aus: Das Haus Gottes

27. November

Die Tiefe seiner Liebe, die Größe seiner Heiligkeit

Warum ist das Kreuz das Sinnbild unseres Glaubens? Die Antwort finden wir im Kreuz selbst. Seine Konstruktion könnte nicht einfacher sein: ein senkrechter Balken und ein Querbalken. Einer streckt sich dem Betrachter entgegen – wie Gottes Liebe. Der andere streckt sich nach oben – wie Gottes Heiligkeit. Einer stellt die Tiefe seiner Liebe dar, der andere die Größe seiner Heiligkeit. Das Kreuz ist der Schnittpunkt. Das Kreuz ist der Ort, an dem Gott seinen Kindern vergab, ohne seine Ansprüche herunterzuschrauben.
Wie war das möglich? Durch ein Urteil: Gott hat unsere Sünde auf seinen Sohn geladen und sie dort bestraft.

AUS: *WEIL DU ES IHM WERT BIST*

28. November

Jesu Braut

Auf Sie wurde Anspruch erhoben. Sie sind verlobt, ausgesondert, herausgerufen, eine heilige Braut. Verbotene Gefilde haben Ihnen nichts zu bieten. Sie wurden für sein Schloss auserwählt. Lassen Sie sich nicht auf flüchtige Abenteuer in den Armen eines anderen ein. Konzentrieren Sie sich auf den Tag Ihrer Hochzeit. Hüten Sie sich vor Vergesslichkeit. Dulden Sie keine Gedächtnislücken. Machen Sie sich Notizen. Lernen Sie Verse auswendig. Tun Sie alles, was nötig ist, damit Sie sich erinnern. […] Sie sind mit einem Mitglied des Königshauses verlobt, und Ihr Prinz kommt bald, um Sie nach Hause zu holen.

Aus: *Wenn Christus wiederkommt*

29. November

Unerschöpfliche Hingabe

Gott der Sohn starb für Sie. Wer könnte sich ein solches Geschenk vorstellen?

Gott hätte uns Menschen genauso gut eine große Idee oder eine poetische Botschaft oder ein unaufhörliches Lied geben können – aber er gab sich selbst. Christus hat uns geliebt, *„denn er hat sich selbst als Gabe und Opfer für unsere Sünden gegeben. Und Gott hatte Gefallen an diesem Opfer, das wie ein wohlriechender Duft zu ihm aufstieg"* (Epheser 5,2). Welche Art von Hingabe ist das? Suchen Sie die Antwort unter der Kategorie „unerschöpflich" nach. Die Heiligkeit Gottes forderte ein sündloses Opfer, und das einzige sündlose Opfer war Gott selbst.

Aus: Es geht nicht um mich

30. November

Wunderbar

Haben Sie sich je gefragt, warum Gott so viel schenkt?
Wir könnten mit viel weniger leben. Er hätte die Welt
flach und grau lassen können; wir hätten keinen
Vergleich gehabt. Aber das hat er nicht getan.

*Er spritzte Orange in den Sonnenaufgang
und tauchte den Himmel in Blau. […]
Musste er den Schweif des Eichhörnchens
so buschig machen?
War er gezwungen, die Vögel singen zu lassen?
Und die witzige Art, in der Hühner hasten
oder wie majestätisch Donnerschläge krachen?
Wozu einer Blume ihren Duft verleihen?
Wozu dem Essen seinen Geschmack?
Könnte es sein, dass er es liebt,
den Ausdruck auf deinem Gesicht zu betrachten?*

AUS: GEBORGEN IN GOTTES ARM

1. Dezember

Unter uns

Es ist ein großer Unterschied zwischen Himmel und Erde. Gott wurde ein Baby. Er trat in eine Welt voller Probleme und Herzeleid.

*„Er, der das Wort ist,
wurde Mensch und lebte unter uns"*
(Johannes 1,14).

Das wichtigste Wort in diesem Vers ist „unter". Er lebte unter uns. Er zog das kostspieligste aller Kleider an: den menschlichen Körper. Er machte aus einer Krippe einen Thron und aus ein paar Kühen einen königlichen Hofstaat. Er nahm einen gewöhnlichen Namen an – Jesus – und machte ihn heilig. Er nahm gewöhnliche Leute und machte sie ebenfalls heilig. Er hätte über uns und weit weg von uns leben können.
Aber er tat es nicht. Er lebte unter uns.

Aus: Wenn Christus wiederkommt

2. Dezember

Gottes Friede

Glaubendes Gebet führt uns zum Frieden Gottes. Keinen zufälligen, verschwommenen, irdischen Frieden, sondern Gottes Frieden, Frieden vom Himmel. Gott bietet Ihnen dieselbe Ruhe an, die in dem Raum herrscht, in dem sein Thron steht.

Glauben Sie, dass Gott mit Angst zu kämpfen hat? Meinen Sie, dass er manchmal die Hände ringt oder die Engel um ein Mittel gegen Magensäure bittet? Natürlich nicht. Ein Problem ist für Gott keine größere Herausforderung als ein Zweig für einen Elefanten.

Gott hat vollkommenen Frieden, weil Gott vollkommene Macht hat.

Und er bietet Ihnen diesen Frieden an, einen Frieden, der „eure Herzen und Gedanken im Glauben an Jesus Christus bewahren" wird.

Aus: Durst

3. Dezember

Geschenke machen

Jedes Jahr zu Weihnachten und zu jedem Geburtstag begeben wir uns auf fremdes Gebiet. Erwachsene betreten Spielzeugläden und Väter die Teenagerabteilung. Ehefrauen schauen sich in der Jagdabteilung um und Ehemänner bei den Handtaschen. […] Wenn wir all das Unangenehme hinter uns gebracht haben, genießen wir die größte Freude im Leben – ein Geschenk zu machen. Wir zeigen uns von unserer besten Seite, wenn wir anderen etwas geben. Tatsächlich sind wir dann am meisten Gott ähnlich, wenn wir anderen ein Geschenk machen.

AUS: WEIL DU ES IHM WERT BIST

4. Dezember

Gottes gute Gaben

Wenn wir schon Geschenke machen,
um unsere Liebe zu zeigen, wie viel mehr tut Gott das?
Wenn wir – trotz unserer Schwächen und unserer
Habgier – gerne Geschenke machen, wie viel mehr hat
Gott, der rein und vollkommen ist, Freude daran,
uns zu beschenken?

Jesus fragte:
*„Wenn nun ihr, die ihr doch böse seid,
dennoch euren Kindern gute Gaben geben könnt,
wie viel mehr wird euer Vater im Himmel
Gutes geben denen, die ihn bitten?"*
(Matthäus 7,11; LUT).

Gottes Gaben werfen Licht auf Gottes Herz,
Gottes gutes und großmütiges Herz.

Aus: *Weil du es ihm wert bist*

5. Dezember

Geschützt

Gott ist für Sie. Hätte er einen Kalender, wäre Ihr Geburtstag rot eingekreist. Würde er Auto fahren, stände Ihr Name auf der Stoßstange. Wenn es einen Baum im Himmel gibt, hat er schon Ihren Namen in die Rinde geschnitzt. Wir wissen, dass er eine Tätowierung hat und wie sie aussieht:

„Sieh, ich habe dich in meine Handflächen gezeichnet"
(Jesaja 49,16).

Gott ist bei Ihnen. Wenn Sie das wissen, wer ist dann gegen Sie? Kann der Tod Ihnen jetzt Schaden zufügen? Kann die Krankheit Ihnen das Leben nehmen? Kann der Sinn Ihres Lebens weggenommen oder Ihr Wert vermindert werden? Nein. Auch wenn die Hölle selbst gegen Sie antritt, kann niemand Sie besiegen. Sie sind geschützt. Gott ist bei Ihnen.

Aus: In Schattenzeiten Gott begegnen

6. Dezember

Nikolaus

Wenn wir vor Gott kommen, stehen wir nicht vor einem Nikolaus. Ein Kind sitzt auf dem molligen Schoß des guten alten Weihnachtsmanns, während Knecht Ruprecht den Sprössling in die Wange kneift und fragt: „Na, warst du denn ein braves Mädchen?" „Ja", kichert sie. Dann sagt sie ihm, was sie sich wünscht, und schon hopst sie wieder runter. Es ist ein Spiel. Es ist kindisch.

Keiner nimmt die Frage ernst. Das funktioniert vielleicht im Kaufhaus, aber bei Gott funktioniert es nicht. Wie kann Gott heilen, was wir verleugnen? Wie kann Gott berühren, was wir zudecken? Wie können wir Gemeinschaft haben, wenn wir Geheimnisse hüten? Wie kann Gott uns Vergebung gewähren, wenn wir unsere Schuld nicht zugeben?

Aus: *Gott ganz vertrauen*

7. Dezember

Jesus, unsere Hoffnung

Der, zu dem wir beten, kennt unsere Gefühle. […]
Er weiß, wie es ist, entmutigt zu sein oder hungrig
oder müde und erschöpft. Er weiß, wie wir uns fühlen,
wenn der Wecker rasselt. Oder wenn unsere Kinder
alle gleichzeitig quengeln. Er nickt verständnisvoll,
wenn wir beim Beten wütend sind. Er versteht uns,
wenn wir nicht mehr wissen, wie wir unser Pensum
schaffen sollen. Er lächelt, wenn wir ihm unsere
Müdigkeit bekennen. […]

Er will, dass wir nicht vergessen, dass auch er ein
Mensch war. Er will, dass wir begreifen, dass auch er
das Einerlei und die Müdigkeit eines langen Tages
kannte. […] Unser Erlöser Jesus stand mitten in der
Welt, der Sie und ich jeden Tag gegenüberstehen.

AUS: *STAUNEN ÜBER DEN ERLÖSER*

8. Dezember

Gottes Speiseplan

An manchen Tagen läuft der Teller über.
Gott bringt immer mehr Nahrung und wir schnallen
unseren Gürtel weiter. Eine Beförderung, eine
besondere Möglichkeit, eine Freundschaft, ein Geschenk, ein Leben lang Gnade, eine Ewigkeit lang
Freude. Es gibt Zeiten, in denen wir uns sozusagen am
Tisch zurücklehnen, erstaunt über Gottes
Freundlichkeit.

*„Du deckst mir einen Tisch vor den Augen
meiner Feinde, du nimmst mich als Gast auf und
salbst mein Haupt mit Öl.
Du überschüttest mich mit Segen"*
(PSALM 23,5).

Dann gibt es Tage, an denen wir unser ungeliebtes
Gemüse essen müssen. Unser tägliches Brot können
Tränen oder Schmerz oder Strafe sein. Zu unserer Portion gehören vielleicht sowohl Unglück oder
Herausforderungen. […]
Die meisten Tage jedoch haben etwas von allem.

Aus: Das Haus Gottes

9. Dezember

Kerzen anzünden

Ungezügelte Wut macht unsere Welt nicht besser,
verständnisvolles Fragen dagegen sehr wohl.
Wenn wir die Welt und uns so sehen, wie wir sind,
können wir helfen. Sobald wir uns verstehen, können
wir anfangen, nicht mehr aus einer Perspektive der
Wut und des Hasses zu handeln, sondern aus einer
Perspektive des Mitleids und Verständnisses.
Wir sehen die Welt nicht mehr mit bitter gerunzelten
Stirnen, sondern mit ausgestreckten Händen.
Wir erkennen, dass die Lichter aus sind und dass viele
Menschen blind durch die Finsternis stolpern,
und wir zünden Kerzen an.

Aus: *Staunen über den Erlöser*

10. Dezember

Mehr Freude

Die Beichte stellt nicht die Beziehung zu Gott her, sie pflegt sie nur. Wenn Sie Christ sind, ändert das Bekenntnis Ihrer Sünde nicht Ihre Stellung vor Gott, aber es vergrößert Ihren Frieden mit Gott. Wenn Sie Ihre Sünden bekennen, hören Sie auf, mit Gott zu verhandeln, und stimmen mit ihm überein, was Ihre Sünden betrifft. Nicht bekannte Sünde führt zu einem Konfliktzustand. Sie mögen Gottes Kind sein, aber Sie wollen nicht mit ihm sprechen. Er liebt Sie noch, aber bis Sie zugeben, was Sie getan haben, herrscht eine angespannte Atmosphäre im Haus.

Wie nicht bekannte Sünde Freude verhindert, hat bekannte Sünde Freude zur Folge.

Aus: Das Haus Gottes

11. Dezember

Wenn du nur wüsstest ...

„Wenn du nur wüsstest, dass ich gekommen bin,
um dir zu helfen, und nicht, um dich zu verurteilen.
Wenn du nur wüsstest, dass das Morgen besser sein
wird als das Heute. Wenn du nur wüsstest, welches
Geschenk ich für dich habe: ewiges Leben.
Wenn du nur wüsstest, dass ich dich sicher
nach Haus bringen will."

Wenn du nur wüsstest.
Welch sehnsüchtige Worte von Gottes Lippen!
Wie freundlich, dass er sie uns hören lässt. Wie grausam, dass wir zögern, sie anzuhören. Vertrauen wir doch, dass Gott das Beste will. Vertrauen wir doch, dass er es wirklich gut meint, wenn er sagt:

*„Ich will euer Glück und nicht euer Unglück.
Ich habe im Sinn, euch eine Zukunft zu schenken,
wie ihr sie erhofft"*
(JEREMIA 29,11; GNB).

AUS: *GOTT GANZ VERTRAUEN*

12. Dezember

Etwas Musik

Glücklicherweise versteht Gott unser Wesen.
Und er wird kreativ. Er lockt. Durch die Finger der
Umstände und Situationen versucht er,
uns dazu zu bringen, aufzuschauen.

Gott ruft uns. Manchmal flüsternd.
Dann wieder laut. Aber wir antworten nicht immer.
Also sorgt er für etwas Musik. Göttliche Finger
berühren die Tastatur des Universums.
Wir werden mit regelrechten Symphonien von
Sonnenaufgängen und Sonnenuntergängen verwöhnt,
mit majestätischen Adlern und klatschenden Wellen.
Alles soll unsere Aufmerksamkeit erwecken.

Aus: Wenn Christus wiederkommt

13. Dezember

Christus suchen

Paulus fordert uns auf, „Christus zu suchen"
(vgl. Kolosser 3,1).
Nach oben statt auf den Weg zu schauen, dazu ermahnt auch schon der Psalmist:

*„Kommt, lobt mit mir die Größe des Herrn,
lasst uns gemeinsam seinen Namen ehren"*
(Psalm 34,4).

Loben. In manchen Bibelübersetzungen steht hier das Wort „größer machen". […] Wenn man einen Gegenstand vergrößert, kann man ihn besser erkennen. Wenn wir Gott sozusagen vergrößern, können wir ihn ebenfalls besser erkennen, besser verstehen. […] Wir wenden unseren Blick von uns selbst weg und richten ihn auf Gott. Die Betonung liegt auf ihm.

*„Dein ist das Reich und die Kraft und
die Herrlichkeit in Ewigkeit"*
(Matthäus 6,13).

Aus: Das Haus Gottes

Wir sind nicht allein

Tausende von Jahren hat Gott uns seine Stimme gegeben. Vor Bethlehem schickte er seine Boten und seine Lehrer, die seine Worte weitersagten. Aber in der Krippe gab Gott sich selbst. […] Sagen Sie es weiter: Gott ist mit uns, wir sind nicht allein. Die Christenheit hebt Gottes überraschenden Abstieg besonders hervor.

Sein Wesen beschränkt ihn nicht auf den Himmel, sondern führt ihn auf die Erde. In Gottes wunderbarem Evangelium sendet er nicht nur andere zu den Menschen, sondern er wird selbst Mensch. Er schaut nicht nur herab, sondern er mischt sich unter die Menschen. Er spricht nicht nur zu uns, er lebt unter uns und wird einer von uns.

Aus: Ganz du selbst

15. Dezember

Eine einzige Bitte

*„Eine einzige Bitte habe ich an den Herrn.
Ich sehne mich danach, solange ich lebe,
im Haus des Herrn zu sein, um seine Freundlichkeit zu
sehen und in seinem Tempel still zu werden.
Denn er wird mich aufnehmen, wenn schlechte Zeiten
kommen, und mir in seinem Heiligtum Schutz geben"*
(Psalm 27,4-5).

Wenn Sie sich von Gott eine Sache wünschen könnten, worum würden Sie ihn bitten? David erzählt uns, worum er bitten würde. Er sehnt sich danach, im Haus Gottes zu *wohnen*. […] David will nicht plaudern. Er möchte keine Tasse Kaffee auf der Terrasse trinken. Er bittet nicht um eine Mahlzeit oder um einen Abend in Gottes Haus. Er will bei ihm einziehen … für immer. Er bittet um ein Zimmer … auf Dauer. […] Er sucht keine vorläufige Bleibe, sondern eine Wohnung auf Lebenszeit.

Aus: Das Haus Gottes

16. Dezember

Die Schürze irdischer Mühen

Jesus sticht nicht auf dem Klassenfoto seiner Grundschulklasse hervor, er zeichnet sich nicht als bester Student seines Jahrgangs aus. Seine Freunde kennen ihn als einen, der mit Holz arbeitet, und nicht als einen, der auf dem Weg zum Ruhm ist.
Sein Aussehen zieht keine Blicke auf sich, seine Stellung beschert ihm kein Ansehen. In dem großen Abstieg, den wir Weihnachten nennen, legt Jesus alle himmlischen Privilegien ab und bindet sich die Schürze irdischer Mühen um:

„Er legte seine mächtige Kraft und Herrlichkeit ab; er nahm die niedrige Stellung eines Dieners an und wurde als Mensch geboren und als solcher erkannt"
(PHILIPPER 2,7).

AUS: GANZ DU SELBST

17. Dezember

Dein, nicht mein

Dein – nicht mein – ist das Reich.
Ich lege dir meine Pläne zu Füßen.

Dein – nicht mein – ist die Kraft.
Ich bitte dich um Kraft.

Dein – nicht mein – ist die Herrlichkeit.
Ich gebe dir alle Ehre.

In Ewigkeit. Amen.
Dein – nicht mein – ist die Kraft. Amen.

Aus: Das Haus Gottes

18. Dezember

Das Flüstern des Himmels

Wenn *wir* Geschenke machen, um unsere Liebe zu zeigen, wie viel mehr wird *er* das tun! Wenn *wir*, die wir mit Schwächen und Habgier behaftet sind, großen Gefallen daran finden zu schenken, wie viel mehr wird es Gott, der rein und vollkommen ist, Freude bereiten, uns zu beschenken?

Das nächste Mal also, wenn ein Sonnenaufgang uns den Atem raubt oder eine Blumenwiese uns sprachlos macht, wollen wir innehalten. Wir wollen ganz still werden und dem Flüstern des Himmels lauschen: „Gefällt es dir? Ich habe es nur für dich gemacht."

Aus: Geborgen in Gottes Arm

19. Dezember

Seine Entscheidung

„Gott ist Liebe"
(1. Johannes 4,16).

Diese kurze Aussage […] weist auf die gewaltige Überraschung von Gottes Liebe hin – sie hat nichts mit uns zu tun. Andere lieben uns um unsertwillen, weil wir Grübchen haben, wenn wir lächeln, oder weil wir charmante Worte finden, wenn wir es darauf anlegen. Manche Menschen lieben uns um unsertwillen. Bei Gott ist es anders. Er liebt uns, weil er er ist. Er liebt uns, weil er es so beschlossen hat. Seine immer gleichbleibende, spontane Liebe hat keine Ursache, sie hängt von seiner Entscheidung ab.

Aus: *Durst*

20. Dezember

Etwas ganz Besonderes

Kann uns etwas von Christus und seiner Liebe trennen? Gott hat diese Frage schon beantwortet, bevor wir sie stellten. Damit wir seine Antwort sehen, erleuchtete er den Himmel mit einem hellen Stern. Damit wir sie hören, erfüllte er die Nacht mit Chorgesang; und damit wir an sie glauben, tat er, wovon kein Mensch je träumte: Er wurde Fleisch und wohnte unter uns. Er legte seine Hand auf die Schulter der Menschheit und sagte:

„Ihr seid wirklich etwas ganz Besonderes."

Aus: In Schattenzeiten Gott begegnen

Gott ist mit uns

Jesus liebt uns zu sehr, um uns alleinzulassen. Immanuel. Der Name erscheint in derselben hebräischen Form wie vor 2000 Jahren. „Immanu" bedeutet „mit uns". „El" bezieht sich auf Elohim oder Gott. Er ist nicht ein „Gott über uns" oder ein „Gott irgendwo in der Gegend". Nein, er kam zu uns als der „Gott mit uns". Gott ist mit uns. Es heißt auch nicht „Gott mit den Reichen" oder „Gott mit den Religiösen". Sondern Gott mit uns. Gemeint sind wir alle: Amerikaner, Russen, Deutsche, Buddhisten, Mormonen, Lkw- und Taxifahrer, Bibliothekare.
Gott ist mit uns.

Aus: Ganz du selbst

22. Dezember

Wir sind es!

Weit bedeutender als jeder Titel oder jede Stellung, ist die einfache Tatsache, dass wir Gottes Kinder sind.

„Seht, wie viel Liebe unser himmlischer Vater für uns hat, denn er erlaubt, dass wir seine Kinder genannt werden – und das sind wir auch!"
(1. Johannes 3,1).

[…] Es ist, als ob Johannes gewusst hätte, dass einige von uns den Kopf schütteln und sagen werden: *„Nein, ich doch nicht, Mutter Teresa vielleicht, Billy Graham, gut. Aber doch nicht ich."*
Wenn wir so denken, dann hat Johannes diesen Satz für uns hinzugefügt: *„Und das sind wir auch!"*

Aus: Geborgen in Gottes Arm

23. Dezember

Gottes Weide

Mit seinen eigenen durchbohrten Händen hat Jesus eine Weide für die Seele geschaffen. Er hat das dornige Unterholz der Verdammnis herausgerissen.
Er hat die gewaltigen Felsblöcke der Sünde weggeräumt. An ihre Stelle pflanzte er Samen der Gnade und grub Teiche der Barmherzigkeit. Und er lädt uns ein, dort auszuruhen. Können Sie sich die Zufriedenheit im Herzen eines Hirten vorstellen, wenn er, nachdem er sein Werk vollendet hat, sieht, wie seine Schafe sich in dem zarten Gras ausruhen?

Können Sie sich die Zufriedenheit Gottes vorstellen, wenn wir genau das tun? Seine Weide ist sein Geschenk an uns. Dies ist keine Weide, die wir selbst geschaffen hätten. Dies ist auch keine Weide, die wir verdient hätten. Es ist ein Geschenk Gottes.

Aus: Geborgen in Gottes Arm

24. Dezember

Geboren, um zu sterben

Das Jesuskind wurde geboren,
um am Kreuz zu sterben. Er kam nicht nur wegen
Bethlehem, sondern wegen Golgatha –
nicht nur, um mit uns zu leben, sondern um für uns
zu sterben. Er wurde mit Liebe in den Augen und dem
Kreuz im Herzen geboren. Er wurde geboren,
um gekreuzigt zu werden.

Aus: Die Heilige Nacht

25. Dezember

Staunen über den Erlöser

„Weißt du, wen du da in den Armen hältst, Maria?
Den Urheber der Gnade. Der über aller Zeit steht, er
ist jetzt ein paar Augenblicke alt. Der keine
Grenzen kennt, er trinkt jetzt deine Milch.
Der über den Sternen wandelt, er hat jetzt Beine, zu
schwach zum Gehen. Hände, die Ozeane trugen,
gehören jetzt einem Säugling. Der nie etwas gefragt
hat, ihm wirst du den Namen des Windes beibringen.
Die Quelle der Sprache wird von dir Wörter lernen.
Der nie gestolpert ist, ihn wirst du tragen.
Der nie Hunger litt, ihn wirst du füttern.
Der König der Schöpfung liegt in deinen Armen."

Aus: Der Auftrag des Engels

26. Dezember

Das größte Geschenk

Was wartet auf die Menschen, die Jesus suchen?
Nichts weniger als das Herz Jesu.

*„Und der Geist des Herrn wirkt in uns,
sodass wir ihm immer ähnlicher werden und
immer stärker seine Herrlichkeit widerspiegeln"*
(2. KORINTHER 3,18).

Können Sie sich ein größeres Geschenk vorstellen, als wie Jesus zu werden? Jesus hatte keine Schuldgefühle; Gott möchte die Ihren vertreiben. Jesus hatte keine schlechten Angewohnheiten; Gott möchte Ihnen Ihre abnehmen. Jesus hatte keine Angst vor dem Tod; Gott möchte, dass Sie furchtlos sind. Jesus war freundlich zu Kranken, barmherzig zu Aufsässigen und nahm mutig Herausforderungen an.
Gott wünscht sich das auch für Sie.

AUS: WENN GOTT DEIN LEBEN VERÄNDERT

27. Dezember

Immer bei uns

Glauben Sie, dass Gott Ihnen nahe ist?
Er möchte, dass Sie sich bewusst werden, dass er mitten in Ihrem Leben gegenwärtig ist. Er ist bei Ihnen, egal wo Sie sind. Im Auto, im Flugzeug, im Büro, im Schlafzimmer, in Ihrem Hobbyraum. Er ist ganz nahe. Er nimmt an unseren Fahrgemeinschaften und unserem Herzenskummer teil und trauert mit uns, wenn ein geliebter Mensch stirbt. Am Montag ist er uns so nahe wie am Sonntag. Im Klassenzimmer wie in der Kirche. Bei der Kaffeepause genauso wie beim Abendmahl.

Aus: Gottes Verheissungen für dich

28. Dezember

Gott lieben

Er legte eine Schaufel Lehm auf die andere, bis eine leblose Form auf dem Boden lag. […] Alle wurden still, als der Schöpfer in sich selbst hineinreichte und etwas herausholte, das man bisher noch nie gesehen hatte. Einen Samen.
Er wird „Entscheidungsfreiheit" genannt. Es ist der Same der Möglichkeit, sich frei zu entscheiden. […] Gott hatte in den Menschen einen göttlichen Samen gelegt. Einen Samen von sich selbst. Der Gott der Macht hatte den Mächtigsten der Erde geschaffen. Der Schöpfer hatte nicht ein Geschöpf, sondern einen anderen Schöpfer geschaffen. Und der Eine, der sich für die Liebe entschieden hat, schuf ein Wesen, das Liebe erwidern kann.

Jetzt haben wir die Wahl.

Aus: Ruhe im Sturm

29. Dezember

Für immer und ewig derselbe

Liebhaber rufen Sie heute an und verschmähen Sie morgen. Firmen verschicken kurz nach Gehaltserhöhungen Kündigungsbriefe. Freunde schätzen Sie, wenn Sie ein tolles Auto fahren, aber wenn Sie mit einer alten Kiste ankommen, sind Sie unten durch. Nicht bei Gott. Gott bleibt *„für immer und ewig derselbe"* (PSALM 102,28). Gott *„ändert sich nicht, noch wechselt er zwischen Licht und Finsternis"* (JAKOBUS 1,17). Können Sie Gott in schlechter Laune antreffen? Niemals. Haben Sie Angst, seine Gnade zu erschöpfen? Eher wird eine Sardine den Atlantik austrinken.

AUS: ES GEHT NICHT UM MICH

30. Dezember

Jesus, unser Herr

Gerechtigkeit und Ungerechtigkeit wohnen Schulter an Schulter, und das Leben ist immer nur ein Uhrenticken weit vom Tod entfernt.
Das Böse und das Gute scheinen nur durch einen dünnen Vorhang voneinander getrennt zu sein …
Es ist diese Unberechenbarkeit des Lebens, die uns alle gleichsam in ständiger Alarmbereitschaft leben lässt.
Aber inmitten dieser Unberechenbarkeit hatte Gott seine größte Stunde. Niemals ist das Schmutzige dem Heiligen so nahe gekommen wie auf Golgatha.
Nirgends hat das Gute in der Welt sich so mit dem Bösen verschlungen wie am Kreuz. Nie sind Recht und Unrecht, richtig und falsch so auf Tuchfühlung miteinander gewesen wie damals,
als Jesus zwischen Himmel und Erde hing.

Gott an einem Kreuz. Der tiefste Abgrund der Menschheit. Die höchste Höhe Gottes.

Aus: Staunen über den Erlöser

31. Dezember

Auf ins Abenteuer!

Gott lächelt, wenn unsere Gaben ihn ehren und seinen Kindern helfen. Denken Sie nicht, dass er da strahlt? Verbringen wir ein ganzes Leben damit, ihn stolz zu machen! Nutzen Sie Ihre Einzigartigkeit dafür.
Sie verließen den Mutterleib mit einem Auftrag. Sehen Sie sich nicht als ein Produkt der DNA Ihrer Eltern, sondern als eine brandneue Idee des Himmels. Stellen Sie Gott ins Rampenlicht! Werden Sie zu dem Menschen, der Sie sind – für ihn! Hat er Sie nicht aus einem langweiligen, vom Tod bestimmten Leben in ein reiches, zum Himmel führendes
Abenteuer gerufen?

Aus: Ganz du selbst

QUELLENNACHWEIS

Die zitierten Texte von Max Lucado stammen aus folgenden Büchern:

Das Haus Gottes, SCM Hänssler 2004.
Die amerikanische Originalausgabe erschien unter dem Titel *The Great House of God* bei Word Publishing, a division of Thomas Nelson, © 1997 by Max Lucado.

Der Auftrag des Engels, SCM Hänssler 2010.
Die amerikanische Originalausgabe erschien unter dem Titel *An Angel's Story* bei Thomas Nelson, © 2002, 2004 by Max Lucado.

Die heilige Nacht, SCM Hänssler 2009.
Die amerikanische Originalausgabe erschien unter dem Titel *The Christmas Child* bei Thomas Nelson, © 2003 by Max Lucado.

Durst, SCM Hänssler 2005.
Die amerikanische Originalausgabe erschien unter dem Titel *Come Thirsty* bei W Publishing Group, a division of Thomas Nelson, © 2004 by Max Lucado.

Es geht nicht um mich, SCM Hänssler 2004.
Die amerikanische Originalausgabe erschien unter dem Titel *It's not about me* bei Integrity Publishers,

translated and used by permission of Thomas Nelson.
© 2003 by Max Lucado.

Ganz du selbst, SCM Hänssler 2006.
Die amerikanische Originalausgabe erschien unter dem Titel *Cure for the Common Life* bei W Publishing Group, a division of Thomas Nelson, © 2005 by Max Lucado.

Geborgen in Gottes Arm, SCM Hänssler 2007.
Die amerikanische Originalausgabe erschien unter dem Titel *Safe in the Shepherd's Arms* bei J. Countryman, a division of Thomas Nelson, © 2002 by Max Lucado.

Gott ganz vertrauen, SCM Hänssler 1998 und 2009.
Die amerikanische Originalausgabe erschien unter dem Titel *A Gentle Thunder – Hearing God through the Storm* bei Word Publishing, a division of Thomas Nelson, © 1995 by Max Lucado.

Gottes Verheißungen für dich, SCM Hänssler 2008.
Die amerikanische Originalausgabe erschien unter dem Titel *God's Promises for You* bei Thomas Nelson, © 2006 by Max Lucado.

QUELLENNACHWEIS

In Schattenzeiten Gott begegnen, SCM Hänssler 2007.
Die amerikanische Originalausgabe erschien unter
dem Titel *For These Tough Times* bei Thomas Nelson,
© by Max Lucado.

Ruhe im Sturm, SCM Hänssler 2004.
Die amerikanische Originalausgabe erschien unter
dem Titel *In the Eye of the Storm – A Day in the Life of
Jesus* bei W Publishing Group, a division of Thomas
Nelson, © 1991 by Max Lucado.

Sein Name ist Jesus, SCM Hänssler 2010.
Die amerikanische Originalausgabe erschien unter
dem Titel *His Name is Jesus* bei Thomas Nelson,
© 2009 by Max Lucado.

Staunen über den Erlöser, SCM Hänssler 2008.
Die amerikanische Originalausgabe erschien unter
dem Titel *No Wonder They Call Him the Saviour* bei W
Publishing Group, a division of Thomas Nelson,
© 2004 by Max Lucado.

Weil du es ihm wert bist, wählte er die Nägel,
SCM Hänssler 2001.
Die amerikanische Originalausgabe erschien unter
dem Titel *He Chose the Nails* bei Word Publishing, a
division of Thomas Nelson, © 2000 by Max Lucado.

QUELLENNACHWEIS

Weil Gott dich trägt, SCM Hänssler 1999.
Die amerikanische Originalausgabe erschien unter dem Titel *In the Grip of Grace* bei Word Publishing, © 1996 by Max Lucado.

Wenn Christus wiederkommt, SCM Hänssler 2003.
Die amerikanische Originalausgabe erschien unter dem Titel *When Christ Comes* bei Thomas Nelson, © 1999 by Max Lucado.

Wenn Gott dein Leben verändert, SCM Hänssler 2000.
Die amerikanische Originalausgabe erschien unter dem Titel *Just like Jesus* bei Thomas Nelson, © by Max Lucado.

Werden wie Jesus, SCM Hänssler 2004.
Die amerikanische Originalausgabe erschien unter dem Titel *Just like Jesus* (Devotional) bei W Publishing Group, a division of Thomas Nelson, © 2002 by Max Lucado.

Bildnachweis:

istockphoto.com: Zemdega (15646349), silverjohn (16022084), borchee (13025483), Kuzma (14572386), dblight (8345717), AVTG (5152521), jaminwell (15959574), hsvrs (13309632), subtik (13887333); *fotolia.com:* jwolfram (902564), styf (11544484), Andreas Haertle (10184316), Ovidiu Iordachi (14092178), crimson (9536937), Harvey Hudson (581204); *pixelio.de:* Grace Winter (306009, 306187); *en.wikipedia.org:* pau.artigas

Gebunden, 27 x 27 cm, 72 S., Nr. 629.472

Diese ermutigende Botschaft bildet den Kern der Texte von Max Lucado.
Gott hat jeden Einzelnen von uns erdacht und ihm einzigartige Gaben verliehen, damit er die besondere Aufgabe erfüllen kann, die ihm zugedacht ist.
Jeder von uns soll diese Begabung nutzen, um sein Leben so zu gestalten, wie es Gott ganz speziell für ihn beabsichtigt hat.
Nach dieser Sichtweise zu streben, heißt, Gott zu ehren und es zu genießen, am Leben zu sein.
Lassen Sie sich von den kraftvollen und einfühlsamen Worten Lucados stärken und ermutigen und entdecken Sie von Neuem die bedingungslose Liebe Ihres Schöpfers.

SCM Collection

Weitere Bücher von Max Lucado in der SCM-Verlagsgruppe:

Gott findet, du bist wunderbar!
  Gebunden, 12 x 14,5 cm, 124 S., Nr. 629.341

Gott liebt dich, Mama!
  Gebunden, 12 x 14,5 cm, 128 S., Nr. 629.389

Fragen Sie Max Lucado
  Gebunden, 13,5 x 20,5 cm, ca. 256 S., Nr. 395.311

Du bist schön
  Gebunden, 13,5 x 20,5 cm, 192 S., Nr. 395.225

Alles Gute für die Reise
  Gebunden, 13,5 x 20,5 cm, 120 S., Nr. 394.098

Das Haus Gottes
  Gebunden, 13,5 x 20,5 cm, 180 S., Nr. 394.101

Durst
  Gebunden, 13,5 x 20,5 cm, 200 S., Nr. 394.392

Ein Geschenk für dich
  Taschenbuch, 11 x 18 cm, 48 S., Nr. 393.767

Weil du es ihm wert bist
  Gebunden, 13,5 x 20,5 cm, 144 S., Nr. 393.768

Es geht nicht um mich
  Gebunden, 13,5 x 20,5 cm, 120 S., Nr. 394.024

Ganz du selbst!
  Gebunden, 13,5 x 20,5 cm, 224 S., Nr. 394.479

SCM
Stiftung Christliche Medien

Geborgen in Gottes Arm
  Gebunden, 11,7 x 17,2 cm, 120 S., Nr. 394.637

Gott ganz vertrauen
  Gebunden, 13,5 x 20,5 cm, 220 S., Nr. 395.028

Gottes Verheißungen für dich
  Gebunden, 10,5 x 16,5 cm, 208 S., Nr. 394.831

In Schattenzeiten Gott begegnen
  Gebunden, 10,5 x 16,5 cm, 120 S., Nr. 394.708

Ruhe im Sturm
  Gebunden, 13,5 x 20,5 cm, 200 S., Nr. 394.100

Sein Name ist Jesus
  Gebunden, 22,5 x 20,3 cm, 192 S., Nr. 395.133

Wenn Christus wiederkommt
  Gebunden, 13,5 x 20,5 cm, 160 S., Nr. 394.994

Wenn Gott Dich sanft beim Namen ruft
  Gebunden, 13,5 x 20,5 cm, 210 S., Nr. 395.124

Wenn Gott dein Leben verändert
  Gebunden, 13,5 x 20,5 cm, 208 S., Nr. 394.919

Werden wie Jesus
  Gebunden, 10,5 x 16,5 cm, 224 S., Nr. 394.099

SCM

Stiftung Christliche Medien

AUFATMEN
GOTT BEGEGNEN – AUTHENTISCH LEBEN

Das Magazin mit Impulsen,
um den Glauben authentisch zu leben,
Gott zu erfahren und zur Ruhe zu finden.

Nachvollziehbar, persönlich
und aufbauend.

Tel.: 02302 93093-910 · www.aufatmen.de